Les citations pour gagner des points au bac

Laurence de Cock, Nathalie Denizot,
Patrick Ghrenassia, Rémi Jeannin,
professeurs agrégés

Sous la direction de Benoit Falaize,
agrégé d'histoire

letudiant.fr

Sommaire

L'ART DE LA CITATION

L'art de citer, c'est rapporter des propos d'auteurs, souvent sous forme d'une sentence, d'une phrase assez courte ou dense qui, simplement et efficacement reliée au corps de votre copie, peut être très fructueuse et prouver que l'on ne pense jamais seul. Car, si notre pensée peut être très originale, c'est aussi parce que d'autres ont pensé avant nous : « De quelque mot profond, tout homme est le disciple. » (Victor Hugo) Certes, « citer les pensées des autres, c'est regretter de ne pas les avoir trouvées soi-même » (Sacha Guitry), mais c'est aussi être capable de mettre en valeur ses lectures, sa culture et son esprit d'à-propos, et ce, dans toutes les disciplines : le français, les sciences économiques et sociales, l'histoire, la philosophie, la géographie, ou encore les langues.

Rendre une copie composée uniquement de citations, ce n'est évidemment pas ce que vous devrez faire le jour du devoir sur table du baccalauréat. Le correcteur n'attend pas de vous un assemblage de paroles, même géniales. Les citations qui peuvent rapporter des points en plus doivent venir servir votre propre texte. Ne vous en privez pas, mais toujours avec modération et prudence. Trouver la bonne phrase d'auteur, à la fois juste et originale, c'est certainement donner un plus à votre copie et éventuellement gagner des points. Mais à condition d'avoir toujours à l'esprit, comme une règle fondamentale, qu'il vaut mieux ne pas citer du tout plutôt que de donner une fausse citation ou une citation mal adaptée au sujet. De la même façon, il ne faut pas citer sans connaître le contexte. En ce sens, ce livre doit être considéré comme un aide-mémoire, et non comme une liste à apprendre par cœur et à utiliser telle quelle. La sagesse s'impose ici. Quelques règles donc.

■ Pourquoi mettre une citation dans une copie ?

Le correcteur peut attendre une citation qui viendra étayer votre argumentation. Elle constitue alors une illustration utile à votre démonstration. Citer un auteur c'est, par ailleurs, se distinguer des autres, faire valoir ce que l'on a lu, ce que l'on a compris, parfois au-delà du cours dispensé en classe par le professeur. Cela permet, bien sûr, de se différencier des autres candidats, mais surtout d'entrer sur le même terrain que les correcteurs, en montrant votre capacité à utiliser et à mobiliser dans le « stock » intellectuel de la discipline (philosophie, sociologie, arts, théories économiques, histoire, français…) ce qui sera utile à l'embellissement de votre copie. C'est, quelquefois, la seule vraie richesse d'un devoir, ce que Socrate n'aurait pas contredit : « Un trésor de belles maximes est préférable à un amas de richesses. »

Ne vous y trompez pas : la bonne citation, originale et valorisante, est celle qui surprendra positivement votre correcteur ou celle qu'il aurait voulu ou pu trouver lui-même, à laquelle, – rêvons un peu – il n'avait pas forcément pensé… Il reconnaîtra votre qualité à citer s'il sent que vous le faites à bon escient, c'est-à-dire avec clairvoyance, rigueur et à-propos. Il verra en vous quelqu'un qui a compris sa discipline.

Citer un auteur est à la fois un « clin d'œil » mais aussi une façon d'entrer en dialogue avec les auteurs. Les mettre ainsi en scène dans la copie montre que leur œuvre continue à vivre par-delà le temps (en philosophie, en littérature), ou que l'histoire passée – parfois depuis très longtemps – a encore aujourd'hui quelque chose à nous faire entendre ; que l'histoire peut vivre au présent. En citant dans un devoir d'histoire les propos de tel personnage célèbre de la royauté ou des Lumières, on pourrait alors dire : « On s'y croirait. »

Commencer par une citation. Oui, mais…

Commencer un devoir, une copie d'examen par une citation qui dit tout ou presque du sujet, c'est l'une des premières manières de faire. Les avantages sont nombreux : la citation bien choisie ouvre avec intelligence un sujet complexe, elle sert ainsi à présenter le problème ou tout simplement à introduire la suite. Ici, il est important de trouver une phrase forte, qui pose d'emblée la problématique. Par ailleurs, le jury ou le correcteur voit non seulement que vous avez compris le sujet mais aussi que vous avez préparé votre examen au point d'avoir, pour chaque sujet, une citation prête. Attention, cet avantage peut se retourner contre vous si votre lecteur juge mal le fait que vous ayez justement, un peu artificiellement, une citation d'ouverture pour chaque sujet proposé... Vous comprenez d'emblée que la citation en début de copie n'est pas le tout du devoir. C'est une accroche, un moyen de montrer votre compréhension du sujet, mais en aucun cas la certitude d'être dans le vrai. Tout va dépendre de ce qui suit.

Car une bonne citation est une citation vivante. Règle de base : il faut l'avoir comprise pour l'utiliser. Cela peut paraître évident mais il est fréquent que des copies de philosophie ou de français comprennent deux ou trois citations dont une (voire deux ou toutes, mais c'est plus rare) est utilisée à contre-emploi. Cette règle est d'autant plus importante dans le devoir de philosophie où le contresens n'est jamais loin si l'on ne maîtrise pas la phrase que l'on a pris la peine d'apprendre.

■ Ne pas se tromper en citant !

« Quiconque nous cite de mémoire est un saboteur qu'il faudrait traduire en justice. Une citation estropiée équivaut à une trahison, une injure, un préjudice d'autant plus grave qu'on a voulu nous rendre service. » Qui n'a jamais cité un auteur, un personnage historique ne peut comprendre à quel point cette phrase de l'écrivain Cioran est une magnifique invitation à réfléchir à la manière de citer des auteurs, des hommes et des femmes publics ou historiques. Car cette formule doit être prise au sérieux. Le fait de citer de mémoire suppose d'abord une mémoire fiable. Il faut pour cela apprendre ces phrases par cœur, sans faille. Un mot en trop, une négation mal placée, un verbe différent, un adjectif qualificatif erroné peuvent produire un véritable contresens. Vous risquez de mentionner une citation tronquée, incomplète ou fausse, dans le sens comme dans le raisonnement. De devenir un « saboteur » pour Cioran, ou pire, de trahir la pensée de l'auteur, de l'« injurier » après sa mort sans qu'il puisse se défendre, ou encore de lui porter préjudice… Et, bien sûr, de perdre des points sur votre devoir !

Écrire fièrement que, pour Descartes (dans les *Méditations métaphysiques*) « l'erreur, c'est seulement une faute » au lieu de « l'erreur, c'est seulement un défaut », dans un devoir sur la philosophie des sciences, par exemple, c'est changer le sens de la phrase. Ce n'est pas pour autant totalement absurde, mais même en développant intelligemment et logiquement l'argumentation, il n'en restera pas moins que Descartes n'introduit aucune connotation morale au statut de l'erreur, contrairement à ce que le mot « faute » suggère. De la même manière, transformer la phrase de Rousseau « la femme observe et l'homme raisonne » en « la femme raisonne et l'homme observe » non seulement contredit formellement la vraie référence à Jean-Jacques Rousseau mais, de plus, prouve que vous n'avez pas compris précisément le statut que Jean-Jacques donne aux femmes dans la société, au regard de ce qu'il conçoit comme des différences de nature.

La citation sans l'auteur...

Parfois, il arrive que l'on se souvienne d'une phrase *in extenso*, mais plus de son auteur. Stress de l'examen, confusion avec d'autres citations... Trois options se présentent alors :

- **soit vous utilisez une formule vague, approximative telle que :** « Comme le disait cet auteur de l'Antiquité... », ou encore : « Un Français contemporain de la guerre faisait remarquer que... » Vous êtes alors assuré de faire mauvais effet;

- **soit vous risquez de vous tromper, mais c'est quitte ou double.** Évidemment, vous pourriez bien écrire une phrase du genre : « De Gaulle n'aurait pas renié cette idée selon laquelle... » Formellement vous ne dites pas que c'est une citation de de Gaulle, en même temps vous laissez entendre (au cas où) que cela puisse être lui, sans avouer que vous n'en savez plus rien… ! Mais vous sentez vite que c'est vraiment tiré par les cheveux. Non, vraiment, c'est risqué ;

• **soit vous vous abstenez de citer.** C'est la solution la plus sûre. Bien sûr, vous regretterez de n'avoir pu placer votre citation, mais dans une copie, on regrette toujours quelque chose. Ce sera de toute façon préférable à une grosse erreur qui vous aurait décrédibilisé aux yeux du correcteur.

La phrase du dernier venu…

Un autre risque consiste à citer un auteur mal vu par le correcteur : préférez ceux dont vous savez l'importance dans les lettres, la pensée ou l'histoire. Sinon sachez utiliser les *outsiders* en mesurant ce que cela implique.

Dans un devoir de philosophie sur l'individu et la société, si vous mentionnez les derniers propos d'un joueur du FC Barcelone, évoquant la part du talent personnel et son adéquation avec le collectif (entre individualisme et holisme en somme), cela ne vous vaudra pas que des amis parmi le jury. Sauf à faire un développement hautement subtil qui montrerait votre ironie (sans jamais être méprisant), voire votre distance amusée, et à condition que la phrase soit en rapport avec votre développement. Mieux vaut donc éviter les auteurs qui n'en sont pas.

Sauf dans le cas des copies d'histoire où celui qui fait l'histoire ou y assiste, quel que soit son rang, a sa place.

Le choix de l'auteur est aussi important que le choix de la phrase. Il n'est pas rare de voir dans les copies d'examens des citations de revues ou de journaux : « Comme l'annonçait *Le Monde*... » ou : « Comme le laissait entendre au sujet de l'art de la citation le magazine *l'Etudiant*... » C'est *L'Aurore* qui publie *J'accuse* au moment de l'affaire Dreyfus, mais c'est Émile Zola qui l'écrit.

La précision est importante. Chaque propos à un auteur. Si, en revanche, le propos est anonyme (cela arrive), alors vous pourrez dire : « comme le dit le proverbe... » ou : « comme il est d'usage de dire... ». De manière générale, évitez de rester vague.

■ Comment intégrer la citation ?

C'est une question essentielle. Il est très important de ne pas donner l'impression d'une citation plaquée dans la copie, « comme un cheveu sur la soupe » (expression utilisée fréquemment par vos professeurs au sujet de la citation). Pourquoi ? Parce qu'une citation qui n'est pas reliée au texte en amont, comme en aval, est déconnectée de son propos. N'hésitez pas à utiliser les connexions linguistiques logiques telles que « d'après Sophocle... » ou « de la même manière, pour Kant… » ou encore « c'est ce que résume d'une formule Mallarmé quand il dit que… ». Bref, toutes les phrases d'introduction ou de conclusion qui montrent que vous intégrez la citation au contexte global de votre devoir sont bienvenues. Certes, parfois, la citation seule peut suffire. Débuter ou conclure un texte par cette phrase : « Je me cite souvent, cela apporte du piment à ma conversation » (George Bernard Shaw) vous évite parfois d'en rajouter…

Toute citation doit pouvoir être analysée et expliquée. En reliant chacune à votre propre écriture, vous éviterez aussi de tomber dans la paraphrase de l'auteur que vous citez : « Paris ! Paris outragé ! Paris brisé ! Paris martyrisé ! Mais Paris libéré ! » La paraphrase consisterait ici à dire que le général de Gaulle parle de la ville de Paris qui a été martyrisée, humiliée et finalement libérée… Au contraire, insérée dans le devoir d'histoire, voilà une phrase qui, exception à la règle, ne mérite pas nécessairement d'être décortiquée. Elle est devenue en elle-même un patrimoine historique. Elle dit le lyrisme du personnage et l'emphase dans la victoire. Parfois, le commentaire est de trop. Il faut aussi savoir s'effacer devant une citation.

Un détail d'écriture a également son importance : les guillemets. Si les phrases citées sont intégrées au texte, elles doivent être immédiatement identifiables par le lecteur (qui est aussi celui qui note). Cette ponctuation est obligatoire, car si vous n'en mettez pas, on peut ne pas voir la citation ou, pire encore, on peut penser que vous vous attribuez une formule qui n'est pas vôtre. Mais n'utilisez pas de parenthèses, la citation doit rester dans le texte.

■ Terminer un devoir par une citation

Plus simple en français qu'en histoire, c'est toujours une solution payante, à condition que la citation ne soit pas convenue, c'est-à-dire trop attendue par le correcteur. C'est souvent le plus difficile, car le lecteur attend toujours une phrase qui accompagne ou qui explique votre citation. Placée en toute fin de devoir, la phrase ou la formule rapportée peut tomber à plat. Mieux vaut transiger et introduire la conclusion par une citation. Voilà qui a de l'allure. Parce que vous résumez d'une phrase votre conclusion mais aussi tout votre travail.

■ À chaque discipline son bon usage de la citation

Même s'il y a des règles communes, que nous venons de voir, chaque discipline scolaire a des usages propres d'écriture et d'argumentation. Les citations ne peuvent s'intégrer à la copie qu'en les respectant. C'est pourquoi, pour vous aider, nous avons fait le choix de rassembler des citations réparties par les entrées du programme dans quatre disciplines : le français, la philosophie, l'histoire et les sciences économiques et sociales. Dans ces quatre matières, la citation est déterminante. Cela ne veut pas dire que les autres matières en sont exemptes. Mais c'est ici que les correcteurs apprécieront votre culture du sujet. Alors lisez-les, certaines pour les retenir bien sûr, c'est l'objectif, mais aussi pour aborder les révisions du baccalauréat d'une autre manière : avec des propos de penseurs, d'hommes et de femmes de l'époque, qui par une formule peuvent vous faire avancer dans vos révisions et dans la compréhension fine du thème que vous êtes en train de travailler.

Pour conclure

Inutile peut-être de terminer cette présentation par le conseil de ne pas inventer vous-même de citation ? C'est toujours tentant, surtout quand il s'agit du général de Gaulle, de Napoléon ou de Churchill, à qui on a pu faire dire tout et son contraire, tant ils étaient tous les trois amateurs de bons mots et très à l'aise dans l'art de la formule. Si la tentation vous vient de placer une formule dans la bouche d'un personnage célèbre, assumez-la vous-même. Ce sera toujours préférable. Au mieux, on saluera votre sens de la formule, au pire on ne se dira pas que vous avez attribué à Untel ou Unetelle une parole aussi inepte…

Pour se distinguer aux yeux des correcteurs, l'art de la citation relève de la distinction tout court. Une copie bien tournée a ses codes. Ne citez pas trop pour montrer votre culture. Ayez de la mesure, veillez à ne pas vouloir trop bien faire. Ne tombez pas dans « l'exhibitionnisme naïf de la consommation ostentatoire qui recherche la distinction dans l'étalage primaire d'un luxe mal dominé » (cette citation du sociologue Bourdieu n'était pas facile à placer, par exemple...). Ne cherchez pas à citer à tout prix, au risque de vouloir trop en faire et de ne pas tout maîtriser. Une, deux ou trois citations suffisent selon les sujets. Vous perdriez du temps sur ce qui est le cœur de votre copie : votre propre réflexion, votre propre démarche, et le travail que vous avez déjà effectué tout au long de l'année et des années précédentes. La citation sera un plus appréciable, mais ne compensera jamais une copie mal rédigée ou mal organisée. Car, avant la citation, c'est votre capacité à ordonner vos idées et votre intelligence qui feront la différence.

Alors, profitez de ce livre en prenant le temps, en vous attardant et en dégustant ces citations. C'est une autre manière de réviser que les auteurs réunis ici proposent. Une autre manière de rentrer dans les sujets du bac, propre à nourrir votre réflexion, votre intelligence des sujets et votre mémoire. Bonne lecture !

Benoit Falaize,
agrégé d'histoire

“ Français ”

Nathalie Denizot,
agrégée de lettres modernes

INTRODUCTION

Le moraliste Joseph Joubert (1754-1824) écrivait : « Il est des esprits voyageurs qui aiment à parcourir les livres et en rapportent le souvenir de tout ce qu'ils ont lu. » Soyez donc vous aussi des esprits voyageurs ! Intégrez des citations venues d'horizons divers à vos travaux (dissertation, commentaire, mais aussi écriture d'invention ou oral). Vous montrerez que vous savez penser avec les autres, dialoguer avec les auteurs, voire dans certains cas, jouer avec les paradoxes.

Une grande partie des citations que vous trouverez dans cette partie correspondent à des points de programme (le personnage de roman ou le texte théâtral et sa représentation, par exemple), et peuvent venir à l'appui de votre réflexion, voire en soutien à votre argumentation ; vous leur trouverez sans problème une place dans vos devoirs ou vos exposés. Les dernières rubriques regroupent des citations qui portent essentiellement sur des problématiques littéraires plus générales (l'auteur, la lecture ou… la citation !). Elles pourront vous aider à trouver une entrée en matière dans vos introductions, ou une ouverture dans vos conclusions. Et dans tous les cas, certaines vous permettront aussi des clins d'œil ou des contre-pieds parfois surprenants qui orneront et étofferont vos travaux.

LE PERSONNAGE DE ROMAN

LE PERSONNAGE

« Madame Bovary, c'est moi. »

GUSTAVE FLAUBERT (1821-1880)

Cette célèbre formule, que Flaubert n'a d'ailleurs sans doute jamais véritablement prononcée, peut être interprétée de diverses manières. On peut comprendre que Flaubert a plongé dans son roman au point de se mettre dans la peau de son personnage principal, et de souffrir avec elle ; mais on peut aussi comprendre que Flaubert a mis un peu de lui-même (ses émotions, ses peurs, ses expériences, etc.) dans le personnage d'Emma.

Comment l'utiliser ? Dans les deux cas, la citation permet de réfléchir sur les liens entre l'auteur et le personnage : dans quelle mesure un personnage est-il totalement fictionnel ? Dans quelle mesure un auteur s'identifie-t-il avec ses personnages, même ceux qui semblent les plus éloignés de lui ?

« Un héros de roman infidèle ! on n'aurait jamais rien vu de pareil ; il est réglé qu'ils doivent tous être constants. »

MARIVAUX (1688-1763)

« Le thème de tout roman, c'est le conflit d'un personnage romanesque avec des choses et des hommes qu'il découvre en perspective à mesure qu'il avance, qu'il connaît d'abord mal, et qu'il ne comprend jamais tout à fait. »

ALAIN (1868-1951)

« Un personnage n'est pas un individu en mieux. »

André Malraux (1901-1976)

« On n'invente pas les personnages, ils existent dans l'inconscient, il faut les laisser sortir. »

Henry Bauchau (1913)

« Un fleuve est un personnage, avec ses rages et ses amours, sa force, son dieu hasard, ses maladies, sa faim d'aventures. »

Jean Giono (1895-1970)

« Les personnages [de roman] ne naissent pas d'un corps maternel comme naissent les êtres vivants, mais d'une situation, d'une phrase, d'une métaphore qui contient en germe une possibilité humaine fondamentale dont l'auteur s'imagine qu'elle n'a pas encore été découverte ou qu'on n'en a encore rien dit d'essentiel. »

Milan Kundera (1929)

« Ce que j'ai découvert de plus important, c'est que la perception qu'a l'auteur de ses personnages, au départ, peut être aussi erronée que celle du lecteur. »

Stephen King (1947)

« Bonaparte n'est plus le vrai Bonaparte, c'est une figure légendaire composée des lubies du poète, des devis du soldat et des contes du peuple [...]. Ce héros fantastique restera le personnage réel ; les autres portraits disparaîtront. »

FRANÇOIS-RENÉ DE CHATEAUBRIAND (1768-1848)

« Le lecteur peut être considéré comme le personnage principal du roman, à égalité avec l'auteur, sans lui, rien ne se fait. »

ELSA TRIOLET (1896-1970)

III LE ROMAN

« Le romancier est l'historien du présent, alors que l'historien est le romancier du passé. »

GEORGES DUHAMEL (1884-1966)

La plupart des citations sont assez courtes, et leur force vient d'ailleurs en partie de cette brièveté. Mais il faut rester prudent : certains auteurs aiment particulièrement les formules, notamment les formules paradoxales ou celles qui reposent sur une antithèse. Et certaines formulations séduisantes sont en même temps simplificatrices, ou forcent un peu le trait. C'est le cas de cette citation de Duhamel : la formule est discutable et s'applique mieux à certains auteurs qu'à d'autres.

Comment l'utiliser ? Cette citation peut étayer un développement sur des romanciers plutôt réalistes, comme Balzac ou Zola, mais vous pouvez aussi montrer en quoi elle n'est pas adaptée à un grand nombre de romanciers.

« Malheur à tout roman que le lecteur n'est pas pressé d'achever ! »

D'ALEMBERT (1717-1783)

« Le roman a sa logique : une belle histoire ne va jamais sans cette continuité imperturbable qui n'est jamais dans les situations vécues, mais qu'on trouve dans la démarche de la rêverie, à partir de la réalité. »

ALBERT CAMUS (1913-1960)

« Le roman est l'histoire des hommes et l'histoire le roman des rois. »

ALPHONSE DAUDET (1840-1897)

« L'auteur, dans son œuvre, doit être comme Dieu dans l'univers, présent partout, et visible nulle part. »

GUSTAVE FLAUBERT (1821-1880)

« Chaque romancier, chaque roman doit inventer sa propre forme. Aucune recette ne peut remplacer cette réflexion continuelle. Le livre crée pour lui ses propres règles. »

ALAIN ROBBE-GRILLET (1922-2008)

« Le roman se distingue de tous les autres genres littéraires, et peut-être de tous les autres arts, par son aptitude non pas à reproduire la réalité, comme il est reçu de le penser, mais à remuer la vie pour lui recréer sans cesse de nouvelles conditions et en redistribuer les éléments. »

MARTHE ROBERT (1914-1996)

« Le roman est un genre faux, parce qu'il décrit les passions pour elles-mêmes ; la conclusion morale est absente. Décrire les passions n'est rien ; il suffit de naître un peu chacal, un peu vautour, un peu panthère. »

LAUTRÉAMONT (1846-1870)

« L'histoire est un roman qui a été ; le roman est de l'histoire qui aurait pu être. »

EDMOND DE GONCOURT (1822-1896)
ET JULES DE GONCOURT (1830-1870)

« Le but suprême du romancier est de nous rendre sensible l'âme humaine, de nous la faire connaître et aimer dans sa grandeur comme dans sa misère, dans ses victoires et dans ses défaites. »

GEORGES DUHAMEL (1884-1966)

« Il y a des genres de poésie où non seulement les Latins ne nous ont point surpassés, mais qu'ils n'ont pas même connus, comme, par exemple, ces poèmes en prose que nous appelons romans, et dont nous avons chez nous des modèles qu'on ne saurait trop estimer, à la morale près qui est fort vicieuse, et qui en rend la lecture dangereuse aux jeunes personnes. »

NICOLAS BOILEAU (1636-1711)

III RÉALISME ET RÉALISTES

« Le réaliste, s'il est un artiste, cherchera, non pas à nous montrer la photographie banale de la vie, mais à nous en donner la vision plus complète, plus saisissante, plus probante que la réalité même. »

GUY DE MAUPASSANT (1850-1893)

« Réalisme. Art de dépeindre la nature telle qu'elle est vue par les crapauds. Charme qui ressort d'un paysage peint par une taupe, ou d'une histoire écrite par un asticot. »

AMBROSE BIERCE (1842-1914)

« Faire vrai consiste donc à donner l'illusion complète du vrai, suivant la logique ordinaire des faits, et non à les transcrire servilement dans le pêle-mêle de leur succession. J'en conclus donc que les réalistes de talent devraient s'appeler plutôt des illusionnistes. »

GUY DE MAUPASSANT (1850-1893)

RÉALITÉ...

« Le romancier est fait d'un observateur et d'un expérimentateur. »

ÉMILE ZOLA (1840-1902)

Cette citation doit être replacée dans son contexte : l'ambition du naturalisme, et particulièrement de Zola, est de donner au roman un statut scientifique. Il assigne donc au romancier cette double tâche : être un « observateur », c'est-à-dire faire de ses œuvres des documentaires (on sait que Zola faisait des enquêtes sur le terrain, et n'a pas hésité à descendre dans une mine de charbon pour préparer *Germinal*) ; être un « expérimentateur », c'est-à-dire constater des phénomènes et les analyser (par exemple la déchéance par l'alcool des personnages de *L'Assommoir*). Mais cette affirmation de Zola ne vaut pas pour tous les romans, qui n'ont pas tous ce rapport à la réalité.

👍 **Comment l'utiliser ?** Il ne faut pas en faire une généralité, mais l'utiliser comme exemple dans une dissertation ou à l'entretien.

« Le vrai peut quelquefois n'être pas vraisemblable. »

NICOLAS BOILEAU (1636-1711)

« Le roman naturaliste [est] simplement une enquête sur la nature, les êtres et les choses. L'œuvre devient un procès-verbal, rien de plus. »

ÉMILE ZOLA (1840-1902)

« Les contes, les légendes, les œuvres d'art, les romans même, sont beaucoup plus véridiques que les livres d'histoire. Ils expriment la sensibilité d'une époque, alors que le langage rationnel des historiens ne la fait pas connaître. »

GUSTAVE LE BON (1841-1931)

« Nous autres romanciers, nous sommes les juges d'instruction des hommes et de leurs passions. »

ÉMILE ZOLA (1840-1902)

« Ah, sachez-le, ce drame n'est ni une fiction, ni un roman. *All is true*, il est si véritable que chacun peut en reconnaître les éléments chez soi, peut-être dans son cœur. »

HONORÉ DE BALZAC (1799-1850)

« Le roman est une machine inventée par l'homme pour l'appréhension du réel dans sa complexité. »

LOUIS ARAGON (1897-1982)

« Le hasard est le plus grand romancier du monde : pour être fécond, il n'y a qu'à l'étudier. La Société française allait être l'historien, je ne devais être que le secrétaire. »

HONORÉ DE BALZAC (1799-1850)
ET GUY DE MAUPASSANT (1850-1893)

III ... ET FICTION

« Un roman est un miroir qui se promène sur une grande route. Tantôt il reflète à vos yeux l'azur des cieux, tantôt la fange des bourbiers de la route. »

STENDHAL (1783-1842)

« Aucun homme n'existe isolément, nous sommes tous engagés profondément dans la pâte humaine. L'individu, tel que l'étudie le romancier, est une fiction. »

FRANÇOIS MAURIAC (1885-1970)

« Le roman [...] est la seule forme d'art qui cherche à nous faire croire qu'elle donne un rapport complet et véridique de la vie d'une personne réelle. »

VIRGINIA WOOLF (1882-1941)

« La province dépasse le roman. Jamais le roman n'inventera la femme d'un commandant de gendarmerie mettant en vers les sermons du vicaire. »

EDMOND DE GONCOURT (1822-1896)
ET JULES DE GONCOURT (1830-1870)

ÉCRITURE POÉTIQUE ET QUÊTE DU SENS

II LA CRÉATION POÉTIQUE

« La terre est bleue comme une orange. »

PAUL ÉLUARD (1895-1952)

Cette très célèbre formule de Paul Éluard, extraite de l'un de ses poèmes, offre une image surprenante, déroutante à première lecture, mais qui s'impose peu à peu, faisant de la terre un beau fruit sphérique et plein de promesses, et mêlant, entre autres, le bleu du ciel et des mers à l'orange lumineux du soleil.

Comment l'utiliser ? Cette citation illustre très bien l'image poétique, qui joue sur les rapprochements étonnants et les connotations, et invente ainsi de nouvelles perceptions.

« J'ai pétri de la boue et j'en ai fait de l'or. »

CHARLES BAUDELAIRE (1821-1867)

« Prenez un mot prenez en deux
faites les cuir' comme des œufs
prenez un petit bout de sens
puis un grand morceau d'innocence
faites chauffer à petit feu
au petit feu de la technique
versez la sauce énigmatique

saupoudrez de quelques étoiles
poivrez et mettez les voiles. »

Raymond Queneau (1903-1976)

« Que l'importance soit dans ton regard, non dans la chose regardée. »

André Gide (1869-1951)

« Quand le poète peint l'enfer, il peint sa vie. »

Victor Hugo (1802-1885)

« A noir, E blanc, I rouge, U vert, O bleu : voyelles,
Je dirai quelque jour vos naissances latentes. »

Arthur Rimbaud (1854-1891)

« Le beau est toujours bizarre. »

Charles Baudelaire (1821-1867)

« Car le mot, qu'on le sache, est un être vivant. »

Victor Hugo (1802-1885)

LE POÈTE

« Le poète est semblable au prince des nuées.
Ses ailes de géant l'empêchent de marcher. »

Charles Baudelaire (1821-1867)

Ces deux célèbres vers de Baudelaire, qui terminent le poème *L'Albatros,* illustrent la dualité de l'artiste, déchiré entre l'aspiration à l'idéal, symbolisé ici par les cieux, et le monde dans lequel il vit et auquel il est profondément inadapté. Cette conception, que l'on retrouve chez d'autres poètes contemporains (Théophile Gautier et *Le Pin des Landes*, par exemple), voit dans l'artiste un être singulier, marginal, aux antipodes du poète engagé que prôneront, par exemple, certains écrivains de la Résistance.

Comment l'utiliser ? Cette citation peut s'inscrire dans une dissertation sur les fonctions du poète, mais vous pouvez également l'utiliser à l'oral, pendant l'entretien par exemple.

« Le "qu'est-ce que ça veut dire ?" est le reproche qu'on fait au poète qui n'a pas su vous émouvoir. »

MAX JACOB (1876-1944)

« Tous les grands poètes ont écrit à dix-sept ans; les plus grands sont ceux qui parvinrent à le faire oublier. »

RAYMOND RADIGUET (1903-1923)

« Un bon poète n'est pas plus utile à l'État qu'un bon joueur de quilles. »

FRANÇOIS DE MALHERBE (1555-1628)

« Peuples ! Écoutez le poète !
Écoutez le rêveur sacré !
Dans votre nuit, sans lui complète,
Lui seul a le front éclairé. »

VICTOR HUGO (1802-1885)

« Chez nous, chaque poète a un poème où son nom reste attaché de telle sorte qu'on dirait qu'il n'a pas fait autre chose. »

ÉMILE FAGUET (1847-1916)

« Le plus grand poète français ? Victor Hugo, hélas. »

ANDRÉ GIDE (1869-1951)

« Écrire des vers à vingt ans, c'est avoir vingt ans. En écrire à quarante, c'est être poète. »

FRANCIS CARCO (1886-1958)

« Poète. – Synonyme noble de nigaud. Rêveur. »

GUSTAVE FLAUBERT (1821-1880)

« Un poète est un monde enfermé dans un homme. »

VICTOR HUGO (1802-1885)

LA POÉSIE

« La poésie est le miroir brouillé de notre société. Et chaque poète souffle sur ce miroir : son haleine différemment l'embue. »

LOUIS ARAGON (1897-1982)

« La poésie demande un génie particulier, qui ne s'accommode pas trop avec le bon sens. Tantôt, c'est le langage des dieux, tantôt c'est le langage des fous, rarement celui d'un honnête homme. »

CHARLES DE SAINT-ÉVREMOND (1614-1703)

« A-t-on remarqué que l'enfant commence toujours à jouer à la littérature par la poésie, c'est-à-dire par la rime, par l'assonance des mots ? C'est un moyen pour lui de se passer d'idées. Un terrible argument contre la poésie, qu'on a oublié. »

EDMOND DE GONCOURT (1822-1896)
ET JULES DE GONCOURT (1830-1870)

« Je sais que la poésie est indispensable, mais je ne sais pas à quoi. »

JEAN COCTEAU (1889-1963)

« La poésie n'a pas d'autre but qu'elle-même. »

CHARLES BAUDELAIRE (1821-1867)

« La poésie ne peut se permettre l'humour. »

TAHAR BEN JELLOUN (1944)

« Quelques peuples seulement ont une littérature, tous ont une poésie. »

VICTOR HUGO (1802-1885)

« Pour lire un roman, il faut deux ou trois heures. Pour lire un poème, il faut une vie entière. »

CHRISTIAN BOBIN (1951)

« Tout homme bien portant peut se passer de manger pendant deux jours, de poésie jamais. »

CHARLES BAUDELAIRE (1821-1867)

« La poésie n'est pas une chose rassurante, c'est une aventure colossale. »

EUGÈNE GUILLEVIC (1907-1997)

« La poésie est de toutes les eaux claires celle qui s'attarde le moins aux reflets de ses ponts. »

René Char (1907-1988)

III LE VERS

« Un vers est toujours plus grand que plusieurs vers... Un mot est toujours plus grand que plusieurs mots. »

Charles Péguy (1873-1914)

« Oh ! qui dira les torts de la rime ! »

Paul Verlaine (1844-1896)

« Mais le vers est de bronze et la prose d'argile. »

Alphonse de Lamartine (1790-1869)

« Un seul beau vers a fait plus de bien au monde que tous les chefs-d'œuvre de la métallurgie. »

Anatole France (1844-1924)

« De la musique avant toute chose. »

Paul Verlaine (1844-1896)

LE TEXTE THÉÂTRAL ET SA REPRÉSENTATION

LE THÉÂTRE

« Je ne fais pas de la littérature. Je fais une chose tout à fait différente ; je fais du théâtre. »

EUGÈNE IONESCO (1909-1994)

Comment l'utiliser ? La phrase du dramaturge Ionesco peut servir d'amorce à un devoir sur le théâtre, tant elle résume en peu de mots la spécificité des genres dramatiques, qui ne peuvent se réduire à de la « littérature ». Le théâtre est en effet avant tout un art de la scène, et le texte écrit, à la différence du roman par exemple, n'en est qu'une composante parmi d'autres.

« Tout théâtre n'est-il pas un vaisseau ? »

ANDRÉ PIEYRE DE MANDIARGUES (1909-1991)

« Le théâtre a pour objet d'être le miroir de la nature, de montrer à la vertu ses propres traits, à l'infamie sa propre image, et au temps même sa forme et ses traits dans la personnification du passé. »

WILLIAM SHAKESPEARE (1564-1616)

« Le théâtre est le premier sérum que l'homme ait inventé pour se protéger de la maladie de l'angoisse. »

JEAN-LOUIS BARRAULT (1910-1994)

« Nous voulons de la vie au théâtre, et du théâtre dans la vie. »

JULES RENARD (1864-1910)

« Une pièce de théâtre, c'est quelqu'un. C'est une voix qui parle, c'est un esprit qui éclaire, c'est une conscience qui avertit. »

VICTOR HUGO (1802-1885)

« Les ouvrages de théâtre, Monsieur, sont comme les enfants des femmes : conçus avec volupté, menés à terme avec fatigue, enfantés avec douleur et vivant rarement assez pour payer les parents de leurs soins, ils coûtent plus de chagrins qu'ils ne donnent de plaisirs. »

BEAUMARCHAIS (1732-1799)

« Le monde entier est un théâtre et tous, hommes et femmes, n'en sont que les acteurs. »

WILLIAM SHAKESPEARE (1564-1616)

LA REPRÉSENTATION THÉÂTRALE

« Le théâtre n'est fait que pour être vu. »

MOLIÈRE (1622-1673)

« Rien de plus futile, de plus faux, de plus vain, rien de plus nécessaire que le théâtre. »

LOUIS JOUVET (1887-1951)

« C'est une extraordinaire chose que le théâtre. Des gens comme vous et moi s'assemblent le soir dans une salle pour voir feindre par d'autres des passions qu'eux n'ont pas le droit d'avoir – parce que les lois et les mœurs s'y opposent. »

André Gide (1869-1951)

« L'action du théâtre comme celle de la peste est bienfaisante, car poussant les hommes à se voir tels qu'ils sont, elle fait tomber le masque, elle découvre le mensonge, la veulerie, la bassesse, la tartufferie. »

Antonin Artaud (1896-1948)

« Le texte, au théâtre, c'est encore ce qu'il y a de moins important. Ils n'entendent qu'une phrase sur deux. »

Jean Anouilh (1910-1987)

« Une mise en scène n'est jamais neutre. Toujours, il s'agit d'un choix. »

Antoine Vitez (1930-1990)

LA TRAGÉDIE

« Que me font à moi, sujet paisible d'un État monarchique du XVIIIe siècle, les révolutions d'Athènes et de Rome ? Quel véritable intérêt puis-je prendre à la mort d'un tyran du Péloponnèse ? au sacrifice d'une jeune princesse en Aulide ? Il n'y a dans tout cela rien à voir pour moi, aucune moralité qui me convienne. »

Beaumarchais (1732-1799)

Cette citation de Beaumarchais, qui s'attaque ici à la tragédie pour défendre un théâtre moderne plus en prise avec la société de son époque, est très nettement polémique. Son propos est volontairement provocateur, et cet aspect doit être pris en compte.

Comment l'utiliser ? Il ne s'agit pas, dans un devoir ou un exposé oral, de vous servir de Beaumarchais pour attaquer violemment à votre tour Racine ou Corneille… La citation peut s'insérer dans un travail sur la tragédie (et plus généralement sur le théâtre), mais aussi sur le XVIIIe siècle ou même dans une réflexion sur les réécritures (programme de 1re L).

« L'action tragique n'a jamais consisté, depuis la naissance de la tragédie, qu'à projeter la fatalité sur un être choisi. »

JEAN GIRAUDOUX (1882-1944)

« Le poème tragique [...] vous conduit à la terrewur par la pitié ou réciproquement à la pitié par le terrible, vous mène par les larmes, par les sanglots, par l'incertitude, par l'espérance, par la crainte, par les surprises et par l'horreur jusqu'à la catastrophe. »

JEAN DE LA BRUYÈRE (1645-1696)

« Œdipe, les yeux crevés et encore sanglants, était souffert sur un théâtre immense ; sur nos petits théâtres il eût révolté ; le tragique, en s'affaiblissant, a observé les lois de la perspective. »

JEAN-FRANÇOIS MARMONTEL (1723-1799)

« Ce n'est point une nécessité qu'il y ait du sang et des morts dans une tragédie ; il suffit que l'action en soit grande, que les acteurs en soient héroïques, que les passions y soient excitées, et que tout s'y ressente de cette tristesse majestueuse qui fait tout le plaisir de la tragédie. »

JEAN RACINE (1639-1699)

« Regarde, spectateur, remontée à bloc, de telle sorte que le ressort se déroule avec lenteur tout le long d'une vie humaine, une des plus parfaites machines construites par les dieux infernaux pour l'anéantissement mathématique d'un mortel. »

JEAN COCTEAU (1889-1963)

« La tragédie est ambiguë, le drame simpliste. »

ALBERT CAMUS (1913-1960)

« C'est reposant, la tragédie ; parce qu'on sait qu'il n'y a plus d'espoir, le sale espoir. »

JEAN ANOUILH (1910-1987)

LA QUESTION DE L'HOMME DANS LES GENRES DE L'ARGUMENTATION

L'HOMME EN QUESTIONS

« Les hommes et leur liberté ne sont point un objet de commerce. »

LOUIS DE JAUCOURT (1704-1779)

Cette citation de Jaucourt, dans l'article de l'*Encyclopédie* intitulé « Traite des nègres », s'inscrit dans le combat des Lumières contre l'esclavage. Elle résume dans une formule simple et ferme cette conviction forte du caractère inaliénable de la liberté des hommes. Au-delà de l'esclavage, elle condamne plus généralement les atteintes portées à l'être humain.

Comment l'utiliser ? Elle pourrait par exemple servir de conclusion à la lecture analytique des textes célèbres qui illustrent souvent ce combat (le chapitre de *Candide*, de Voltaire, sur le « nègre de Surinam » ou l'argumentation ironique de Montesquieu « Si j'avais à soutenir le droit… »).

« Chaque homme porte la forme entière de l'humaine condition. »

MICHEL DE MONTAIGNE (1533-1592)

« Car, enfin, qu'est-ce que l'homme dans la nature ? Un néant à l'égard de l'infini, un tout à l'égard du néant, un milieu entre rien et tout. »

BLAISE PASCAL (1623-1662)

« La conscience est la voix de l'âme, les passions sont la voix du corps. »

JEAN-JACQUES ROUSSEAU (1712-1778)

« Tout est dit, et l'on vient trop tard depuis plus de sept mille ans qu'il y a des hommes et qui pensent. »

JEAN DE LA BRUYÈRE (1654-1696)

« Homme, es-tu capable d'être juste ? C'est une femme qui t'en fait la question ; tu ne lui ôteras du moins pas ce droit. Dis-moi : Qui t'a donné le souverain empire d'opprimer mon sexe ? ta force ? tes talents ? »

OLYMPE DE GOUGES (1748-1793)

« L'homme est bon par nature, c'est la société qui le corrompt. »

JEAN-JACQUES ROUSSEAU (1712-1778)

« Cogito, ergo sum » (Je pense, donc je suis).

RENÉ DESCARTES (1596-1650)

« Aucun homme n'a reçu de la nature le droit de commander les autres. »

DENIS DIDEROT (1713-1784)

III LA QUESTION DE L'HOMME DANS L'ANTIQUITÉ

« L'homme est la mesure de toute chose. »

PLATON (428 AV. J.-C.-347 AV. J.-C.)

« L'homme est un loup pour l'homme. »

PLAUTE (VERS 254 AV. J.-C.-184 AV. J.-C.)

« Je suis homme, et rien de ce qui est humain ne m'est étranger. »

TÉRENCE (VERS 190 AV. J.-C.-159 AV. J.-C.)

« J'aime Platon, mais j'aime plus encore la vérité. »

ARISTOTE (384 AV. J.-C.-322 AV. J.-C.)

« Que les armes cèdent à la toge ! »

CICÉRON (106 AV. J.-C.-43 AV. J.-C.)

« Le sage n'est pas celui qui sait beaucoup de choses, mais celui qui voit leur juste mesure. »

PLATON (428 AV. J.-C.-347 AV. J.-C.)

« Connais-toi toi-même. »

ANONYME (SUR LE FRONTON DU TEMPLE DE DELPHES)

« CARPE DIEM » (CUEILLE CHAQUE JOUR).

HORACE (65 AV. J.-C.-8 AV. J.-C.)

III GENRES ET ARGUMENTATION

« Tous les genres sont bons, hors le genre ennuyeux. »

VOLTAIRE (1694-1778)

« Si les règles et les genres ont jamais été imaginés, c'était pour assurer à l'esprit humain sa pleine liberté, pour lui permettre les cris, et la surprise, et le chant profond. »

JEAN PAULHAN (1884-1968)

« Ah ! s'il nous faut des fables, que ces fables soient du moins l'emblème de la vérité ! J'aime les fables des philosophes, je ris de celles des enfants, je hais celles des imposteurs. »

VOLTAIRE (1694-1778)

« Le but d'une encyclopédie est de rassembler les connaissances éparses sur la surface de la Terre ; d'en exposer le système général aux hommes avec qui nous vivons, et de le transmettre aux hommes qui viendront après nous. »

DENIS DIDEROT (1713-1784)

VERS UN ESPACE CULTUREL EUROPEEN : RENAISSANCE ET HUMANISME (PROGRAMME DE 1re L)

RENAISSANCE ET NOUVELLES DÉCOUVERTES

« Qui donc oserait douter qu'au milieu d'une telle floraison d'humanité et de culture spirituelle, notre siècle ne devienne le plus heureux de tous ? »

Barthélemy Latomus (1485-1570)

La citation du latiniste Barthélemy Latomus, ami d'Érasme, témoigne de cet immense espoir partagé par les humanistes de la première moitié du XVIe siècle, avant les guerres de Religion. Leur foi en l'homme leur donnait en effet le sentiment d'une véritable renaissance, d'un renouveau du savoir et un nouvel art de vivre. Cette phrase illustre ainsi l'optimisme de ces premiers humanistes, qui rêvent d'un monde meilleur.

Comment l'utiliser ? Elle peut étoffer une lecture analytique ou un commentaire d'un texte de la Renaissance, soit en entrée en matière dans l'introduction, soit en ouverture de conclusion.

« Notre monde vient d'en trouver un autre. »

Michel de Montaigne (1533-1592)

« Qu'ils s'en aillent donc, ces hommes du passé, ces "misologues", avec leur suite hargneuse, hideuse, désordonnée... »

Guillaume Budé (1467-1540)

« L'événement le plus important depuis la création du monde est la découverte des Indes ; c'est pourquoi on les appelle le Nouveau Monde. »

FRANCISCO LOPEZ DE GOMARA (1510-1560)

« Les arts et les sciences sont pour le présent entre les mains des Grecs et des Latins. Mais il se devrait faire à l'avenir qu'on pût parler de toute chose, par tout le monde et en toute langue. »

JOACHIM DU BELLAY (1522-1560)

III L'HUMANISME

« Toute leur vie était employée non par lois, statuts ou règles, mais selon leur vouloir et franc arbitre. »

FRANÇOIS RABELAIS (1494-1553)

« Mieux est de ris que de larmes écrire,
Pour ce que rire est le propre de l'homme. »

FRANÇOIS RABELAIS (1494-1553)

« C'est un sujet merveilleusement vain, divers et ondoyant que l'homme. »

MICHEL DE MONTAIGNE (1533-1592)

« Science sans conscience n'est que ruine de l'âme. »

FRANÇOIS RABELAIS (1494-1553)

« Ils [les habitants d'Utopie] définissent la vertu : *vivre selon la nature.* Dieu en créant l'homme, ne lui donna pas d'autre destinée. »

THOMAS MORE (1478-1535)

III SAVOIR ET CONNAÎTRE

« Que rien ne te soit inconnu. »

François Rabelais (1494-1553)

Cette injonction de Gargantua à son fils Pantagruel résume l'idéal humaniste au sujet de l'enseignement. Les humanistes aspirent en effet à former un homme nouveau grâce à la culture et au savoir, et leur curiosité est sans limites. La citation témoigne donc de la tentation d'un savoir encyclopédique, caractéristique des humanistes, qui veulent explorer tous les domaines de connaissance possibles.

Comment l'utiliser ? Elle trouvera sa place dans un travail écrit ou oral sur l'humanisme, mais aussi dans une écriture d'invention portant sur l'éducation, par exemple. Elle peut aussi être utilisée pour faire écho à certains textes du XVIIIe siècle : les Lumières partagent en effet cette tentation du savoir encyclopédique.

« Chacun appelle barbarie ce qui n'est pas de son usage. »

Michel de Montaigne (1533-1592)

« Ignorance est mère de tous les vices. »

François Rabelais (1494-1553)

« Quand on me contrarie, on éveille mon attention, non pas ma colère ; je m'avance vers celui qui me contredit, qui m'instruit. »

Michel de Montaigne (1533-1592)

« Croyez-le, si voulez ; si ne voulez, allez y voir. »

François Rabelais (1494-1553)

« Ce qui distingue le fou du sage, c'est que le premier est guidé par les passions, le second par la raison. »

ÉRASME (1469-1536)

« Plutôt la tête bien faite que bien pleine. »

MICHEL DE MONTAIGNE (1533-1592)

III LES LUMIÈRES : UN NOUVEL HUMANISME ?

« Je me représente la vaste enceinte des sciences comme un grand terrain parsemé de places obscures et de places éclairées. Nos travaux doivent avoir pour but, ou d'étendre les limites des places éclairées, ou de multiplier sur le terrain les centres de lumière. »

DENIS DIDEROT (1713-1784)

« À mesure que l'on est plus ignorant, et que l'on a moins d'expérience, on voit plus de prodiges. »

FONTENELLE (1657-1757)

« C'est la présence de l'homme qui rend l'existence des êtres intéressante. »

DENIS DIDEROT (1713-1784)

« La raison est à l'égard du philosophe ce que la grâce est à l'égard du chrétien. »

CÉSAR DUMARSAIS (1676-1756)

« Je permets à chacun de penser à sa manière, pourvu qu'on me laisse penser à la mienne. »

DENIS DIDEROT (1713-1784)

LES RÉÉCRITURES (PROGRAMME DE 1re L)

L'INSPIRATION : UN DON...

« LA MUSE :
Poète, prends ton luth et me donne un baiser. »

ALFRED DE MUSSET (1810-1857)

Cette apostrophe très célèbre ouvre *La Nuit de mai* de Musset, long poème qui se présente sous forme de dialogue entre le poète et sa muse. Elle témoigne de la conception romantique de l'inspiration, don de la muse, qui vient ou non visiter le poète. L'image du luth (instrument de musique très proche de la lyre) évoque le lyrisme, l'expression de sentiments personnels : l'inspiration est également puisée dans les sentiments du poète, qui épanche son cœur.

Comment l'utiliser ? La citation permet de réfléchir sur le travail de l'écriture et les sources d'inspiration. Elle a aussi toute sa place dans un travail sur la poésie.

« La composition poétique résulte de deux phénomènes intellectuels, la méditation et l'inspiration. La méditation est une faculté, l'inspiration est un don. »

VICTOR HUGO (1802-1885)

« C'est dans les rêves que loge l'inspiration, la graine des chefs-d'œuvre de l'humanité. »

MICHELINE LA FRANCE (1944)

« L'inspiration vient quelquefois à des heures bien gênantes, tel l'enfant qui veut le sein en wagon. »

ANNE BARRATIN (1845-1911)

III ... OU UN MYTHE ?

« L'inspiration, c'est une invention des gens qui n'ont jamais rien créé. Nous entretenons la légende pour nous faire valoir, mais entre nous, c'est un bluff. Le poète ne connaît que la commande. »

JEAN ANOUILH (1910-1987)

« Le poète est celui qui inspire bien plus que celui qui est inspiré. Les poètes ont toujours de grandes marges blanches, de grandes marges de silence où la mémoire ardente se consume pour recréer un délire sans passé... On rêve sur un poème comme on rêve sur un être. »

PAUL ELUARD (1895-1952)

« L'inspiration est l'hypothèse qui réduit l'auteur au rôle d'un observateur. »

PAUL VALÉRY (1871-1945)

« L'inspiration, ce n'est peut-être que la joie d'écrire : elle ne la précède pas. »

JULES RENARD (1864-1910)

« Le génie est fait d'un pour cent d'inspiration et de quatre-vingt-dix-neuf pour cent de transpiration. »

THOMAS EDISON (1847-1931)

« Le vrai poète n'est jamais "inspiré" : il se situe précisément au-dessus de ce plus et de ce moins, identiques pour lui, que sont la technique et l'inspiration. »

RAYMOND QUENEAU (1903-1976)

« Il est évident que le poète écrit
Sous le coup de l'inspiration,
Mais il y a des gens à qui les coups ne font rien. »

BORIS VIAN (1920-1959)

« Vivre, c'est enregistrer. Ce qu'on appelle l'inspiration, ce ne sont que les moments privilégiés où la cire humaine trouve aiguille adéquate. »

GEORGES PERROS (1923-1978)

L'IMITATION

« N'imitez rien ni personne. Un lion qui copie un lion devient un singe. »

VICTOR HUGO (1802-1885)

La citation de Victor Hugo est tout à fait représentative de l'idéal romantique : rompre avec l'esthétique classique, fondée en grande partie sur l'imitation des auteurs grecs et latins. La métaphore souligne ainsi avec force les risques encourus par un art trop timide, et témoigne d'une conception très ambitieuse de l'artiste et du poète.

👍 **Comment l'utiliser ?** La formule de Victor Hugo a toute sa place dans une réflexion sur l'écriture, mais peut aussi servir dans un travail sur la poésie ou sur le théâtre, genres dans lesquels Hugo est incontournable.

« On aime beaucoup mieux ceux qui tendent à nous imiter que ceux qui tâchent à nous égaler. Car l'imitation est une marque d'estime et le désir d'être égal aux autres est une marque d'envie. »

MARQUISE DE SABLÉ (1599-1678)

« Quand j'emprunte une idée à un autre, j'oublie souvent de la lui rendre. »

GEORGES WOLINSKI (1934)

« L'art n'est pas une imitation, mais une conquête. »

ANDRÉ SUARÈS (1868-1948)

« Quand j'écris, je me passe bien de la compagnie et souvenance des livres, de peur qu'ils n'interrompent ma forme. »

MICHEL DE MONTAIGNE (1533-1592)

« Lorsque [l'art] ne va pas au-delà de la simple imitation, il est incapable de nous donner l'impression d'une réalité vivante ou d'une vie réelle : tout ce qu'il peut nous offrir, c'est une caricature de la vie. »

HEGEL (1770-1831)

« La littérature devance toujours la vie. Elle ne la copie pas mais la modèle à son gré. »

Oscar Wilde (1854-1900)

« Il ne faut pas imiter ce qu'on veut créer. »

Georges Braque (1882-1963)

L'ORIGINALITÉ...

« Rien de plus original, rien de plus soi que de se nourrir des autres. Mais il faut les digérer. Le lion est fait de mouton assimilé. »

Paul Valéry (1871-1945)

« L'écrivain original n'est pas celui qui n'imite personne, mais celui que personne ne peut imiter. »

François-René de Chateaubriand (1768-1848)

« L'écrivain original, tant qu'il n'est pas mort, est toujours scandaleux. »

Simone de Beauvoir (1908-1986)

QUELLE ORIGINALITÉ ?

« Je déteste l'originalité. Je l'évite le plus possible. Il faut employer une idée originale avec les plus grandes précautions pour n'avoir pas l'air de mettre un costume neuf. »

JEAN COCTEAU (1889-1963)

« Nos meilleures idées viennent des autres. »

RALPH WALDO EMERSON (1803-1882)

« C'est une illusion dangereuse que de croire que l'on peut publier sans recevoir, écrire sans lire, parler sans écouter, produire sans se nourrir, donner de soi sans se refaire. »

CHARLES PÉGUY (1873-1914)

« Ce qui nous vient d'abord et naturellement à l'esprit, ce sont des lieux communs, des clichés... »

ANDRÉ GIDE (1869-1951)

« L'originalité consiste à essayer de faire comme tout le monde sans y parvenir. »

RAYMOND RADIGUET (1903-1923)

« Ce n'est pas l'originalité que je cherche : une idée que personne n'aurait jamais eue, cela a toute chance d'être une sottise ! »

ANDRÉ COMTE-SPONVILLE (1952)

« La plus belle preuve d'originalité consiste à savoir donner à la pensée d'autrui de si riches développements qu'il n'eût été facile à personne de voir combien elle était féconde. »

JOHANN WOLFGANG VON GOETHE (1749-1832)

III ÉCRIRE

« Recopier, relire, jeter, réécrire, classer, retrouver, attendre que ça vienne, essayer d'arracher quelque chose qui aura toujours l'air d'être un barbouillis inconsistant, quelque chose qui ressemblera à un texte, y arriver, ne pas y arriver, sourire [parfois]. »

GEORGES PEREC (1936-1982)

Aux antipodes de la conception romantique de la muse qui inspire le poète (voir, page 48, le commentaire de la citation d'Alfred de Musset), la phrase de Perec, l'un des membres les plus connus de l'Oulipo, souligne avec humour le travail difficile de l'écrivain, qui recommence et réécrit sans cesse. Les ouvrages de Perec suivent d'ailleurs souvent des contraintes fortes : dans *La Disparition*, par exemple, il réussit l'exploit d'écrire un long roman sans jamais utiliser la lettre e…

👍 **Comment l'utiliser ?** Elle peut servir à l'oral, dans un entretien sur les réécritures. Mais elle peut aussi être utilisée pour un travail sur la poésie, à l'écrit comme à l'oral.

« Écrire, c'est négocier avec ses fantômes. La littérature réclame des compétences de diplomate. »

FRANÇOIS BOTT (1935)

« La pensée vole et les mots vont à pied. Voilà tout le drame de l'écrivain. »

JULIEN GREEN (1900-1998)

« Un véritable écrivain, c'est celui qui a plus de mal qu'un autre à écrire. »

ANTOINE BLONDIN (1922-1991)

« La première politesse de l'écrivain, n'est-ce point d'être bref ? »

ANATOLE FRANCE (1844-1924)

« En dehors de mon métier d'écrivain, je ne suis bon à rien. En conséquence, on peut dire qu'un bon à rien peut facilement devenir un écrivain. »

FRANÇOIS MAURIAC (1885-1970)

POURQUOI ÉCRIRE ?

« J'écris pour pouvoir lire ce que je ne sais pas que j'allais écrire. »

CLAUDE ROY (1915-1997)

« À la question toujours posée : "Pourquoi écrivez-vous ?", la réponse du poète sera toujours la plus brève : "Pour mieux vivre." »

SAINT-JOHN PERSE (1887-1975)

« Pour écrire en prose, il faut absolument avoir quelque chose à dire ; pour écrire en vers, ce n'est pas indispensable. »

LOUISE-VICTORINE ACKERMANN (1813-1890)

« Quiconque écrit s'engage. »

THOMAS CORNEILLE (1625-1709)

« Et si un soir tu écris parce que tu es malade, si tu écris pour te soulager, efface tout ensuite. »

ERRI DE LUCA (1950)

III POUR QUI ÉCRIRE ?

« Il vous vient quelquefois un dégoût d'écrire en songeant à la quantité d'ânes par lesquels on risque d'être lu. »

PAUL LÉAUTAUD (1872-1956)

Cette phrase de Léautaud est à manier avec précaution, et sans doute avec humour et distance, tant elle est misanthrope.

Comment l'utiliser ? Elle aura davantage sa place en guise de pirouette finale dans une conclusion, à l'écrit ou à l'oral, que comme réflexion sérieuse à méditer. Mais elle témoigne – certes brutalement – d'une conception élitiste de l'écrivain qui n'est pas propre à Léautaud, et qui peut rappeler le pessimisme d'un Flaubert, par exemple.

« Et quand personne ne me lira, ai-je perdu mon temps de m'être entretenu tant d'heures oisives à pensements si utiles et agréables ? »

Michel de Montaigne (1533-1592)

« Le vrai poète, à ce qui me semble, est celui qui remue l'âme et l'attendrit. »

Voltaire (1694-1778)

D'AUTRE CITATIONS LITTÉRAIRES À EXPLOITER

Les épreuves de français ou de littérature portent sur un programme précis, mais elles n'interdisent pas au candidat de faire appel à sa culture littéraire. Vous trouverez donc ci-dessous, dans des rubriques thématiques classées par ordre alphabétique, d'autres citations, qui apporteront à vos devoirs et à vos prestations orales la petite originalité qui fait parfois la différence…

AUTEUR

« Un livre est le produit d'un autre moi que celui que nous manifestons dans nos habitudes, dans la société, dans nos vices. »

Marcel Proust (1871-1922)

« Auteur. – On doit "connaître des auteurs" ; inutile de savoir leurs noms. »

Gustave Flaubert (1821-1880)

« La littérature, la production littéraire n'est point pour moi distincte ou du moins séparable du reste de l'homme et de l'organisation ; je puis goûter une œuvre, mais il m'est difficile de la goûter indépendamment de la connaissance de l'homme même. »

SAINTE-BEUVE (1804-1869)

« Les grands romans sont toujours un peu plus intelligents que leurs auteurs. »

MILAN KUNDERA (1929)

« Je veux être Chateaubriand ou rien. »

VICTOR HUGO (1802-1885)

BAROQUE

« La vie est un songe. »

PEDRO CALDERÓN DE LA BARCA (1600-1681)

Cette phrase est le titre d'une très célèbre pièce du dramaturge espagnol Calderón. Elle fait écho au sentiment baroque de l'illusion de la vie, de l'inconstance et de l'instabilité des choses, que l'on retrouve dans de nombreuses œuvres de l'époque.

Comment l'utiliser ? La citation permet d'illustrer cette vision tragique de l'homme incapable de distinguer le rêve et la réalité. N'hésitez pas d'ailleurs à exploiter ainsi les titres d'œuvres que vous connaissez, quand ils font sens avec des éléments de votre programme.

« Qu'est-ce de notre vie ? Un mensonge frivole
Qui sous ombre du vrai nous vient à décevoir. »

JEAN-BAPTISTE CHASSIGNET (1571-1635)

« Adieu, chers compagnons, adieu, mes chers amis !
Je m'en vais le premier vous préparer la place. »

PIERRE DE RONSARD (1524-1585)

« Vivez, hommes, vivez, mais si faut-il mourir. »

JEAN DE SPONDE (1557-1595)

« Et rose elle a vécu ce que vivent les roses,
L'espace d'un matin. »

FRANÇOIS DE MALHERBE (1555-1628)

« Tout se passe comme si ce siècle goûtait à la fois l'illusion magique mais aussi son évanouissement, la merveille et la fuite de l'émerveillement. »

JEAN ROUSSET (1910-2002)

BIBLIOTHÈQUE

« Il faut fréquenter les bibliothèques, certes ; il convient, assurément, de se faire savant. Étudiez, travaillez, il en restera toujours quelque chose. Et après ? Pour qu'il existe un après, je veux dire quelque avenir qui dépasse la copie, sortez de la bibliothèque pour courir au grand air ; si vous demeurez dedans, vous n'écrirez jamais que des livres faits de livres. Ce savoir, excellent, concourt à l'instruction, mais celle-ci a pour but autre chose qu'elle-même. Dehors, vous courrez une autre chance. »

MICHEL SERRES (1930)

Cette citation, comme un certain nombre d'autres dans cet ouvrage, est longue, et vous vous demanderez peut-être comment l'utiliser, puisqu'il n'est pas forcément facile de la mémoriser avec précision. Il serait pourtant dommage de négliger les citations longues, qui offrent souvent des développements plus riches et plus nuancés que les formules à l'emporte-pièce que l'on retient plus facilement.

Comment l'utiliser ? Vous pouvez n'apprendre de la citation de Serres que l'une ou l'autre des phrases qui la composent, et retenir, par exemple, certaines formules plus lapidaires comme : « sortez de la bibliothèque pour courir au grand air » ou « si vous demeurez dedans, vous n'écrirez jamais que des livres faits de livres ». Mais vous pouvez aussi ne retenir et ne citer textuellement qu'une petite expression significative (par exemple : « des livres faits de livres »), que vous utiliserez en résumant simplement le contexte. Vous pouvez même ne retenir que l'idée principale et la reformuler : mais ce ne sera plus vraiment une « citation »…

« Une bibliothèque est une chambre d'amis. »

TAHAR BEN JELLOUN (1944)

« Si je perdais ma bibliothèque, j'aurais toujours le métro et l'autobus. Un billet le matin, un billet le soir et je lirais les visages. »

MARCEL JOUHANDEAU (1888-1979)

« Nos bibliothèques sont en quelque sorte des pénitenciers où nous avons enfermé nos grands esprits. »

THOMAS BERNHARD (1931-1989)

« Le paradis, à n'en pas douter, n'est qu'une immense bibliothèque. »

GASTON BACHELARD (1884-1962)

« Si vous possédez une bibliothèque et un jardin, vous avez tout ce qu'il vous faut. »

CICÉRON (106 AV. J.-C.-43 AV. J.-C.)

« J'ai été élevé par une bibliothèque. »

JULES RENARD (1864-1910)

« En Afrique, quand un vieillard meurt, c'est une bibliothèque qui brûle. »

AMADOU HAMPÂTÉ BÂ (1900-1991)

CITATIONS

« Les citations sont les béquilles des écrivains infirmes. »

PAUL MORAND (1888-1976)

« Citations. Comme les proverbes, j'en invente ; et personne jusqu'ici ne semble s'en être aperçu. »

HERVÉ BAZIN (1911-1996)

« Cette manie qu'a Shakespeare d'écrire à coup de citations. Et, de plus, archiconnues. »

CLAUDE ROY (1915-1997)

« Citer est parfois une ostentation du savoir, j'en conviens, mais souvent aussi c'est de l'abnégation et de la modestie ! »

Édouard Fournier (1819-1880)

« Le langage est un ensemble de citations. »

Jorge Luis Borges (1899-1986)

« Le moyen infaillible de rajeunir une citation est de la faire exacte. »

Émile Faguet (1847-1916)

« Les banalités des écrivains rares nous fournissent de bonnes citations. »

Jean Rostand (1894-1977)

CLASSIQUES

« Homère est nouveau ce matin, et rien n'est peut-être aussi vieux que le journal d'aujourd'hui. »

Charles Péguy (1873-1914)

La phrase de Péguy joue sur une affirmation paradoxale, la nouveauté d'un auteur pourtant vieux de près de 3000 ans, et la vieillesse des nouvelles quotidiennes… Il veut souligner ainsi le caractère intemporel, voire moderne, d'un auteur classique comme Homère. La citation fait écho à une définition traditionnelle, qui veut que l'auteur « classique » soit celui que l'on peut lire et relire en y trouvant toujours quelque chose de neuf –contrairement au journal que l'on jette après lecture…

Comment l'utiliser ? Cette citation peut être utilisée dans le cadre des réécritures (en 1re L), mais elle peut aussi être détournée pour s'insérer dans un travail (à l'oral comme à l'écrit) sur n'importe quel auteur classique, dans une tournure de ce type par exemple : « On pourrait dire, en paraphrasant Péguy, que Proust est nouveau ce matin… »

« Un auteur classique est aujourd'hui un auteur excellent, étudié dans les classes parce qu'il est excellent. »

Louis Petit de Julleville (1841-1900)

« Il n'y a pas de meilleur café que la lecture des classiques. »

Maurice Chapelan (1906-1992)

« Il n'y a que les professeurs pour croire que les chefs-d'œuvre, c'est le fruit de l'application. [...] Tu penses bien que Shakespeare, à l'époque, il ne se doutait pas qu'il écrivait Hamlet ! »

Jean Anouilh (1910-1987)

« Achille et Don Quichotte sont, Dieu merci, assez connus, pour que nous nous dispensions de lire Homère et Cervantès. »

Jules Renard (1864-1910)

III INTERPRÉTER

« Il y a plus affaire à interpréter les interprétations qu'à interpréter les choses, et plus de livres sur les livres que sur autre sujet : nous ne faisons que nous entregloser. »

MICHEL DE MONTAIGNE (1533-1592)

« Interpréter consiste toujours à mettre en équivalence deux textes : celui de l'auteur, celui de l'interprète. »

TZVETAN TODOROV (1939)

« Je n'aime lire que ce que je ne comprends pas. Ne comprenant pas, je peux imaginer des multiples interprétations. »

SALVADOR DALÍ (1904-1989)

« Toute littérature est traduction. Et traduction à son tour, la lecture que l'on en fait... D'où cet autre sentiment selon lequel on n'en aura jamais fini avec les textes que l'on aime, car ils rebondissent d'interprétation en interprétation... »

HUBERT NYSSEN (1925)

« Un livre a ceci de particulier qu'il peut être interprété comme on veut. »

SØREN KIERKEGAARD (1813-1855)

LANGUE

« La littérature n'a rien à voir avec la richesse du vocabulaire, sinon le plus grand des chefs-d'œuvre serait le dictionnaire. »

PAUL LÉAUTAUD (1872-1956)

« Sans la langue, en un mot, l'auteur le plus divin
Est toujours, quoi qu'il fasse un méchant écrivain. »

NICOLAS BOILEAU (1636-1711)

« Manier savamment une langue, c'est pratiquer une espèce de sorcellerie évocatoire. »

CHARLES BAUDELAIRE (1821-1867)

« Les grands ornements nuisent quelquefois à la beauté. »

CHEVALIER DE MÉRÉ (1607-1684)

« La langue a ses floraisons et ses hivers. Il y a des styles nus comme des squelettes d'arbres, puis arrive le style fleuri de l'école du feuillage, du touffu, du broussailleux. Puis, il faut les émonder. »

JULES RENARD (1864-1910)

« Ce qui se conçoit bien s'énonce clairement,
Et les mots pour le dire arrivent aisément. »

NICOLAS BOILEAU (1636-1711)

« C'est une langue bien difficile que le français. À peine écrit-on depuis quarante-cinq ans qu'on commence à s'en apercevoir. »

COLETTE (1873-1954)

« Qui ne sait se borner ne sut jamais écrire. »

NICOLAS BOILEAU (1636-1711)

« Un auteur gâte tout quand il veut trop bien faire. »

JEAN DE LA FONTAINE (1621-1695)

LECTEUR

« Tu trouveras bien plus dans les forêts que dans les livres. »

BERNARD DE CLAIRVAUX (1090-1153)

Cette phrase de Bernard de Clairvaux, un célèbre moine et théologien du Moyen Âge, va à contre-courant de la plupart des citations sur les lecteurs et les lectures, puisqu'elle relativise l'importance du livre. Il faut cependant se garder de faire dire à l'abbé de Clairvaux ce qu'il ne dit pas : les forêts ne sont pas pour lui des lieux de distraction, ni même de promenade, mais de méditation et de prière…

Comment l'utiliser ? Cette citation peut être utilisée, avec précaution et en clin d'œil, voire de manière délibérément provocatrice, pour amorcer une réflexion sur le livre, la lecture, la littérature, etc.

« Les livres les plus utiles sont ceux dont les lecteurs font eux-mêmes la moitié. »

VOLTAIRE (1694-1778)

« On ne lit jamais un livre. On se lit à travers les livres, soit pour se découvrir, soit pour se contrôler. »

ROMAIN ROLLAND (1866-1944)

« Hypocrite lecteur, – mon semblable, – mon frère ! »

CHARLES BAUDELAIRE (1821-1867)

« Qui a bu, boira. Qui a lu, lira. »

VICTOR HUGO (1802-1885)

LECTURE

« On aime toujours un peu à sortir de soi, à voyager, quand on lit. »

MARCEL PROUST (1871-1922)

« Je ne peux plus lire que les livres qui me font travailler. Sur les autres, ma pensée glisse comme sur du marbre. – J'aime à labourer. »

ALFRED DE VIGNY (1797-1863)

« Si le livre que nous lisons ne nous réveille pas d'un coup de poing sur le crâne, à quoi bon le lire ? »

FRANZ KWAFKA (1883-1924)

« Lire, c'est errer. La lecture est l'errance. »

Pascal Quignard (1948)

« Tout grand livre projette sur chaque lecteur d'autres feux et d'autres ombres. »

Marguerite Yourcenar (1903-1987)

« Quand une lecture vous élève l'esprit, et qu'elle vous inspire des sentiments nobles et courageux, ne cherchez pas une autre règle pour juger l'ouvrage ; il est bon, et fait de main d'ouvrier. »

Jean de La Bruyère (1645-1696)

« Quand on lit trop vite ou trop doucement, on n'entend rien. »

Blaise Pascal (1623-1662)

III LITTÉRATURE

« Sans la littérature, on ne saurait pas ce que pense un homme lorsqu'il est seul. »

Georges Perros (1923-1978)

« C'est avec les beaux sentiments que l'on fait de la mauvaise littérature. »

André Gide (1869-1951)

« Que signifie la littérature dans un monde qui a faim ? »

Jean-Paul Sartre (1905-1980)

« En littérature, le plus sûr moyen d'avoir raison, c'est d'être mort. »

VICTOR HUGO (1802-1885)

« La littérature est parfaitement inutile : sa seule utilité est qu'elle aide à vivre. »

CLAUDE ROY (1915-1997)

« La littérature ne permet pas de marcher, mais elle permet de respirer. »

ROLAND BARTHES (1915-1980)

LIVRES

« Livre. – Quel qu'il soit, toujours trop long. »

GUSTAVE FLAUBERT (1821-1880)

Il faut bien voir ici l'aspect ironique de la formule : le *Dictionnaire des idées reçues*, dont elle est extraite, veut dénoncer ce que Flaubert nomme la « bêtise » de ses contemporains, à laquelle il s'attaque par le sarcasme, et qu'il caricature.

Comment l'utiliser ? La citation doit être utilisée avec précaution, mais elle peut agrémenter une écriture d'invention sur la lecture, ou servir d'accroche dans une introduction de dissertation sur ce même sujet.

« Je hais les livres ; ils n'apprennent qu'à parler de ce qu'on ne sait pas. »

JEAN-JACQUES ROUSSEAU (1712-1778)

« Un livre qu'on quitte sans en avoir extrait quelque chose est un livre qu'on n'a pas lu. »

ANTOINE ALBALAT (1856-1935)

« Tout bon livre est un attentat. »

MARCEL JOUHANDEAU (1888-1979)

« J'aime mieux tes lèvres que mes livres. »

JACQUES PRÉVERT (1900-1977)

« Presque tous les livres sont des corrupteurs, les meilleurs font presque autant de mal que de bien. »

SÉBASTIEN-ROCH-NICOLAS, DIT CHAMFORT (1741-1794)

« Ceux qui brûlent des livres finissent tôt ou tard par brûler des hommes. »

HEINRICH HEINE (1797-1856)

« Les plus beaux livres sont ceux qui n'ont jamais été écrits. »

ANATOLE FRANCE (1844-1924)

« Un livre est une bouteille jetée en pleine mer sur laquelle il faut coller cette étiquette : attrape qui peut. »

ALFRED DE VIGNY (1797-1863)

MORALISTES CLASSIQUES

« La curiosité malgré tous ses attraits,
Coûte souvent bien des regrets. »

CHARLES PERRAULT (1628-1703)

Ces deux vers sont extraits de la morale de *La Barbe bleue*. Les *Contes* de Perrault sont à leur époque un genre littéraire destiné au moins autant aux adultes qu'aux enfants : il s'agit d'enseigner la morale par l'exemple, et de montrer comment mener sa vie et ses actions.

Comment l'utiliser ? La citation illustre bien le style ciselé et vif des sentences en vogue au XVIIe siècle. Elle peut également servir dans une réflexion sur les genres littéraires argumentatifs, auxquels appartiennent le conte mais aussi la fable, qui comporte des morales relativement similaires.

« Quelle vanité que la peinture qui attire l'admiration par la ressemblance des choses, dont on n'admire point les originaux! »

BLAISE PASCAL (1623-1662)

« Les passions sont les seuls orateurs qui persuadent toujours. »

FRANÇOIS DE LA ROCHEFOUCAULD (1747-1827)

« Selon que vous serez puissant ou misérable,
Les jugements de cour vous rendront blanc ou noir. »

JEAN DE LA FONTAINE (1621-1695)

III QUERELLE DES ANCIENS ET DES MORDERNES

« Tout est dit, et l'on vient trop tard depuis plus de sept mille ans qu'il y a des hommes et qui pensent. »

JEAN DE LA BRUYÈRE (1645-1696)

Cette citation de La Bruyère s'inscrit dans ce qu'on a appelé la querelle des Anciens et des Modernes. Pour La Bruyère, qui se situe du côté des Anciens, l'époque moderne ne peut égaler la tradition culturelle héritée de l'Antiquité gréco-latine, et les modèles antiques sont inégalables.

Comment l'utiliser ? Cette formule pessimiste, fondée sur l'idée d'un déclin inexorable, permet d'éclairer tout un pan de la culture classique, et peut donc s'intégrer dans une réflexion sur le XVIIe siècle, quel que soit l'exercice. Mais elle peut également prendre place, en 1re L, dans une réflexion sur les réécritures.

« Mon imitation n'est point un esclavage :
Je ne prends que l'idée, et les tours et les lois,
Que nos maîtres suivaient eux-mêmes autrefois. »

JEAN DE LA FONTAINE (1621-1695)

« Les poèmes d'Homère seront toujours des chefs-d'œuvre : non pas en tout des modèles. »

CHARLES DE SAINT-ÉVREMOND (1614-1703)

« La lecture de tous les bons livres est comme une conversation avec les plus honnêtes gens des siècles passés qui en ont été les auteurs. »

RENÉ DESCARTES (1596-1650)

STYLE

« Le style, c'est la part de l'homme dans l'interprétation des choses. »

CHARLES-FERDINAND RAMUZ (1878-1947)

« Il n'y a pas en littérature de bonnes intentions : le style est tout. »

GUSTAVE FLAUBERT (1821-1880)

« C'est le style qui fait la durée de l'œuvre et l'immortalité du poète. La belle expression embellit la belle pensée et la conserve ; c'est tout à la fois une parure et une armure. Le style sur l'idée, c'est l'émail sur la dent. »

VICTOR HUGO (1802-1885)

« On n'arrive au style qu'avec un labeur atroce, avec une opiniâtreté fanatique et dévouée. »

GUSTAVE FLAUBERT (1821-1880)

« Le style, c'est l'oubli de tous les styles. »

JULES RENARD (1864-1910)

“ Histoire ”

Laurence De Cock,
agrégée d’histoire

INTRODUCTION

En France, on adore l'histoire. Cette dernière agite d'ailleurs régulièrement les débats. Historiens, journalistes, écrivains et hommes politiques ont tous leur petit mot à placer sur l'histoire. Les citations sont donc nombreuses, et il vous faudra trouver celle qui s'impose presque naturellement pour votre sujet, à la fois parce qu'elle-même « est entrée dans l'histoire », mais aussi parce qu'elle permettra d'éclairer vos propos et votre argumentation. Vous trouverez ici une somme de citations qui peuvent être utilisées de façons très variables. Certaines sont contemporaines des éléments au programme, d'autres sont antérieures ou postérieures parce qu'elles permettent de qualifier rétrospectivement les événements. Attention donc aux dates spécifiées pour les auteurs des citations.

Commençons d'emblée par une proposition indéniable

> « L'histoire me paraît être une suite ininterrompue d'aberrations. »
>
> EUGÈNE IONESCO (1909-1994)

Ionesco n'est pas un historien. C'est un écrivain franco-roumain, auteur principalement de pièces de théâtre basées sur des situations absurdes. C'est donc un excellent observateur du monde qui l'entoure…

Comment l'utiliser ? Cette citation s'applique à toutes les situations historiques que vous avez étudiées cette année ; non parce qu'elles sont vraiment des aberrations, mais parce que, par définition, un moment historique recèle toujours quelque chose de mystérieux, d'inattendu, qui échappe aux calculs scientifiques ; simplement parce que le moteur de l'histoire se nourrit de l'action des hommes et des femmes, et que l'humain n'est pas si prévisible.

« L'histoire est une galerie de tableaux où il y a peu d'originaux et beaucoup de copies. »

Alexis de Tocqueville (1805-1859)

LE RAPPORT DES SOCIÉTÉS À LEUR PASSÉ

III L'HISTORIEN ET LES MÉMOIRES

Au choix : les mémoires de la seconde guerre mondiale ou les mémoires de la guerre d'Algérie.

LES MÉMOIRES DE LA SECONDE GUERRE MONDIALE

« Paris ! Paris outragé ! Paris brisé ! Paris martyrisé ! Mais Paris libéré ! Libéré par lui-même, libéré par son peuple avec le concours des armées de la France, avec l'appui et le concours de la France tout entière, de la France qui se bat, de la seule France, de la vraie France, de la France éternelle. »

CHARLES DE GAULLE (1890-1970)

Cette citation, véritable phrase patrimonialisée, est très intéressante pour comprendre la mémoire immédiate de la Seconde Guerre mondiale. Prononcée le 25 août 1944, place de l'Hôtel-de-Ville à Paris par le général de Gaulle qui venait d'y faire son entrée triomphante, cet hommage à la « vraie France » annonce la double amnésie qui frappe la mémoire française de la guerre : occultation d'une résistance autre que gaullienne, occultation de la collaboration des Français, de l'adhésion à Vichy, ou tout simplement du silence et de l'accommodement d'une grande partie de la population. Dans la vision exaltée de De Gaulle, il n'y a qu'une seule France, unie, résistante, debout devant l'ennemi, « éternelle ». On sait que la réalité est nettement plus complexe, mais cette première phase de la mémoire française a sans doute fonctionné comme un « souvenir-écran » qui a permis de ne pas affronter trop brutalement une prise de conscience plus culpabilisante des heures sombres de Vichy.

👍 **Comment l'utiliser ?** Cette phrase doit être citée dans un premier paragraphe sur l'« oubli » immédiat comme impératif pour reconstruire une unité nationale.

« Lorsque dans le silence de l'abjection l'on n'entend plus retentir que la chaîne de l'esclave et la voix du délateur, [...] l'historien paraît, chargé de la vengeance des peuples. »

Chateaubriand (1768-1848)

« Que seriez-vous devenus sans moi ? Pendant que le général de Gaulle, hors de nos frontières, poursuivait la lutte, j'ai préparé les voies à la libération en conservant une France douloureuse, mais vivante. »

Maréchal Pétain (1856-1951)

« La France, patrie des Lumières et des droits de l'homme, terre d'accueil et d'asile, la France, ce jour-là, accomplissait l'irréparable. Manquant à sa parole, elle livrait ses protégés à leurs bourreaux. »

Jacques Chirac (1932-)

LES MÉMOIRES DE LA GUERRE D'ALGÉRIE

« La guerre est ensevelie. »

BENJAMIN STORA (1950-),
LA GANGRÈNE ET L'OUBLI, LA DÉCOUVERTE, 1992.

Cette phrase caractérise la phase d'amnésie de la guerre d'Algérie entre 1962 et 1982 identifiés par Benjamin Stora, historien spécialiste de l'histoire du Maghreb contemporain. Au lendemain de la guerre, les Français sont sous le choc de la défaite. Les jeunes appelés et rappelés reviennent et entretiennent l'idée d'une guerre inutile. Pieds noirs et Harkis arrivent en France pour échapper à la répression du FLN. L'amertume est grande dans ces groupes qui préfèrent entretenir une mémoire nostalgique de leur exil. L'État français n'entretient volontairement aucune mémoire de la guerre qui ne rejaillit dans l'espace public qu'au début des années 1980, en même temps que les débats autour de l'immigration.

Comment l'utiliser ? La phrase peut tout à fait être utilisée en « accroche » pour commencer une composition sur le sujet afin de montrer qu'il existe une chronologie de la mémoire française de la guerre qui ne resurgit que progressivement dans les consciences et les politiques officielles.

« La France a commis un génocide contre l'identité algérienne. »

ABDELAZIZ BOUTEFLIKA (1937-),
PRÉSIDENT ALGÉRIEN, DISCOURS, 2005

« Les tortures ? Depuis longtemps le mot nous est devenu familier. »

HENRI ALLEG (1921-2013),
LA QUESTION, PARIS, ÉDITION DE MINUIT, 1958

« On nous a volé notre histoire, on nous a volé notre lutte de libération, on nous a aussi volé notre présent. »

Anouar Benmalek (1956-), Interview, 2009

« La France et l'Algérie sont capables de surmonter et d'assumer les déchirements du passé. Il y a déjà bien longtemps que ces choses auraient dû être dites. »

François Mitterrand (1916-1996), 1981

« Le 17 octobre 1961, des Algériens qui manifestaient pour le droit à l'indépendance ont été tués lors d'une sanglante répression. La République reconnaît avec lucidité ces faits. Cinquante et un an après cette tragédie, je rends hommage à la mémoire des victimes. »

François Hollande (1954-), 2013

IDÉOLOGIES, OPINIONS ET CROYANCES EN EUROPE ET AUX ÉTATS-UNIS DE LA FIN DU XIXe SIÈCLE À NOS JOURS

SOCIALISME, COMMUNISME ET SYNDICALISME EN ALLEMAGNE DEPUIS 1875

« Quiconque souhaite le renforcement de la démocratie devra souhaiter également le renforcement et non pas l'affaiblissement du mouvement socialiste ; renoncer à la lutte pour le socialisme, c'est renoncer en même temps au mouvement ouvrier et à la démocratie elle-même. »

Rosa Luxemburg (1870-1919)
Réforme sociale ou révolution ?, 1899

Rosa Luxembourg est une militante socialiste d'origine polonaise. Marxiste, radicale, elle refuse toute concession au réformisme. Pour elle, la prise de pouvoir des socialistes doit s'exercer par la révolution, donc par la lutte. C'est la condition de la démocratie. Cette citation doit donc se comprendre comme une affirmation de la logique radicale du socialisme allemand déjà tiraillé entre réformisme et révolution. Rosa Luxembourg montre ici sa totale fidélité au marxisme.

Comment l'utiliser ? Cette citation est à intégrer dans le corps de la composition si les bornes chronologiques sont conformes.

Elle permettra d'illustrer la radicalité de ceux qui, au moment de la première guerre mondiale, préféreront quitter un parti qu'ils jugent trop timoré pour fonder le KPD.

« Les prolétaires n'ont rien à perdre que leurs chaînes. Ils ont un monde à gagner. Prolétaires de tous les pays, unissez-vous ! »

KARL MARX (1818-1883), *MANIFESTE DU PARTI COMMUNISTE*, 1848

« L'insécurité des salaires quotidiens est une des plus graves plaies de l'économie sociale. »

ADOLF HITLER (1889-1945), *MEIN KAMPF*, 1924

(à n'utiliser que pour montrer comment le nazisme a instrumentalisé la cause ouvrière)

« Ne serait-il pas
Plus simple alors pour le gouvernement
De dissoudre le peuple
Et d'en élire un autre ? »

BERTOLD BRECHT (1898-1956), *LA SOLUTION*, 1953

« On a pu dire dans le monde que le « miracle allemand » qui a eu lieu dans notre république n'était pas un « miracle économique », mais avant tout un grand tournant pour l'Homme. Mais nous sommes encore loin de la fin du chemin qui mène à la communauté socialiste des Hommes. »

WALTER ULBRICHT (1893-1973), (1969)

III MÉDIAS ET OPINION PUBLIQUE DANS LES GRANDES CRISES POLITIQUES DEPUIS L'AFFAIRE DREYFUS

« L'opinion publique n'existe pas »

PIERRE BOURDIEU (1930-2002), 1973.

Dans cette formule, titre d'un article, Pierre Bourdieu, sociologue mort en 2002, se livre à une analyse critique de l'opinion publique telle que la définissent les médias. Pour lui, les sondages ne visent qu'à conforter des présupposés établis par un contexte politique. Du coup, les questions posées, le public visé et l'intention préalable « fabriquent » une opinion qui justifie, après coup, l'adoption de telle ou telle politique. Il est donc très difficile de mesurer une « opinion publique » autrement que par le biais d'une enquête scientifique qui ne répond pas à une commande politique.

Comment l'utiliser ? Cette citation peut être utilisée en début de composition pour poser immédiatement la difficulté à définir la notion d'« opinion publique ».

« La libre communication des pensées et des opinions est un des droits les plus précieux de l'homme : tout citoyen peut donc parler, écrire, imprimer librement, sauf à répondre de l'abus de cette liberté dans les cas déterminés par la loi. »

ARTICLE 11 DE LA

DÉCLARATION DES DROITS DE L'HOMME ET DU CITOYEN

« La police vous parle tous les soirs à 20 heures »,
« Presse, ne pas avaler »

SLOGANS DE MAI 1968

« Or voici que la combinaison du micro et de l'écran s'offre à moi au moment même où l'innovation commence son foudroyant développement. Pour être présent partout, c'est là soudain un moyen sans égal. »

DE GAULLE, MÉMOIRES (1870-1970), 1970.

« Le mensonge et la crédulité s'accouplent et engendrent l'Opinion. »

PAUL VALÉRY (1871-1945), POÈMES, 1941

PUISSANCES ET TENSIONS DANS LE MONDE DE LA FIN DE LA PREMIÈRE GUERRE MONDIALE À NOS JOURS

I LES ÉTATS-UNIS ET LE MONDE DEPUIS LES « 14 POINTS » DU PRÉSIDENT WILSON

« We are not put into this world to sit still and know; we are put into it to act. »

WIDROW WILSON (1856-1924), 1902

« Nous ne vivons pas dans ce monde pour rester inactifs et tranquilles, nous y sommes pour y agir ». Dans cette formule lancée devant des étudiants de Princeton en 1902, Wilson concentre toute la vision américaine de la « destinée manifeste » et de la mission américaine d'agir à l'échelle nationale mais aussi mondiale. Le contexte est davantage propice à l'isolationnisme. Jeune État, les États-Unis préfèrent se concentrer sur leur conquête intérieure (vers l'ouest) plutôt que répondre aux préoccupations géopolitiques de l'Europe. Wilson est alors président de l'université de Princeton.

Comment l'utiliser ? C'est en accroche de composition que cette citation est la plus signifiante. Elle permet un effet d'annonce de la lente et progressive montée en puissance des États-Unis sur la scène internationale.

« De Stettin dans la Baltique jusqu'à Trieste dans l'Adriatique, un rideau de fer est descendu à travers le continent. »

WINSTON CHURCHILL (1874-1965), MARS 1946

« Ne demande pas ce que ton pays peut faire pour toi, demande ce que tu peux faire pour ton pays. »

JOHN FITZGERALD KENNEDY (1917-1963),
DISCOURS D'INVESTITURE, 20 JANVIER 1961

« Nous nous tenons maintenant à la limite d'une nouvelle frontière. »

JOHN FITZGERALD KENNEDY (1917-1963)

« L'histoire a lancé aux États-Unis et à leurs alliés un appel à l'action, et c'est tout autant notre responsabilité que notre privilège que de mener ce combat pour la liberté. »

GEORGE W. BUSH (1946-), 2004

« Les États-Unis ne peuvent pas résoudre tous les problèmes mais ils devront être, et ils le seront, le pivot du changement et celui de la paix. »

BILL CLINTON (1946-), 1993

« Je ne suis pas contre toutes les guerres ; je suis seulement contre les guerres idiotes. »

BARACK OBAMA (1961-),
DISCOURS EN TANT QUE SÉNATEUR, 2002

III LA CHINE ET LE MONDE DEPUIS 1949

« Aujourd'hui il y a également deux grosses montagnes qui pèsent lourdement sur le peuple chinois : l'une est l'impérialisme, l'autre le féodalisme »

Mao Zedong (1893-1976), Texte de clôture du VIIe congrès du parti communiste, 11 juin 1945.

Cette citation de Mao Zedong se fait au moment où se termine la seconde Guerre Mondiale, rare moment de réconciliation entre les nationalistes et les communistes en Chine. Mao, dirigeant communiste, affirme là sa double ambition politique : dégager la Chine de toutes ses pesanteurs traditionnelles (le féodalisme), c'est-à-dire l'allégeance aux petits chefs locaux, mais surtout la dégager de l'influence des États-Unis qui commencent à s'imposer dans la région et soutiennent l'opposant nationaliste Tchang Kai Tchek.

Comment l'utiliser ? En accroche d'une composition, cette citation permettra de camper le programme politique de Mao qui s'apprête à prendre le pouvoir en Chine et à entamer sa propre quête du modèle communiste chinois.

« Il y a un pays voué à la vengeance et à a justice, un pays qui ne déposera pas les armes, qui ne déposera pas l'esprit avant l'affrontement planétaire. »

André Malraux (1901-1976), 1976

« Les masses sont les véritables héros. »

Mao Zedong (1893-1976), 1967

« L'histoire de l'humanité est un mouvement constant du règne de la nécessité vers le règne de la liberté. »

Mao Zedong (1893-1976), 1967

« La Chine est une pièce de viande convoitée par tous… mais très résistante, et pendant des années, personne n'a été en mesure de mordre dedans. »

Zhou Enlai (1898-1976), 1973.

II LE PROCHE ET LE MOYEN-ORIENT, UN FOYER DE CONFLITS DEPUIS LA FIN DE LA PREMIÈRE GUERRE MONDIALE

« Our path to Palestine will not be covered with a red carpet or with yellow sand. Our path to Palestine will be covered with blood. »

Gamal Abdel Nasser (1918-1970), 1965

Prononcée lors d'un discours électoral en 1965, cette phrase réaffirme la politique d'alliance panarabe lancée par Gamel Abdel Nasser. « Notre chemin vers la Palestine ne sera pas recouvert d'un tapis rouge ou de sable jaune. Notre chemin vers la Palestine sera couvert de sang ». La formule est typique du leader égyptien qui mêle mysticisme et radicalité politique dans ses discours. L'Égypte est au cœur des conflits israélo-palestinien. Huit ans plus tôt, lors de la « guerre de Suez », la France, la Grande-Bretagne et Israël s'étaient alliés pour contrer Nasser et le conflit avait abouti à une victoire des États coalisés. Nasser montre ici qu'il reste mobilisé contre Israël pour la défense palestinienne.

👍 **Comment l'utiliser ?** Cette citation doit s'insérer dans le corps du devoir au moment où vous abordez l'organisation de la solidarité des États arabes contre Israël. Elle sert à prouver la détermination arabe, l'influence politique de l'Égypte et la violence de la situation.

« Ce n'est pas la libération de la peur mais l'équilibre de la peur qui a rendu possible la survie de notre civilisation. »

GOLDA MEIR (1898-1978)

« Quelle dignité peut avoir l'homme
sans patrie
sans drapeau
sans adresse.
Quelle dignité ? »

MAHMOUD DARWICH (1941-2008)

« Je viens à vous avec un rameau d'olivier dans la main gauche et une mitraillette dans la main droite. Ne faites pas tomber le rameau d'olivier. »

YASSER ARAFAT (1929-2004)

« La Bible n'est pas un cadastre. »

YITZHAK RABIN (1922-1995)

« Le vent ne renversera jamais la montagne. »

YASSER ARAFAT (1929-2004)

LES ÉCHELLES DE GOUVERNEMENT DANS LE MONDE DE LA FIN DE LA SECONDE GUERRE MONDIALE À NOS JOURS

II GOUVERNER LA FRANCE DEPUIS 1946 : ÉTAT, GOUVERNEMENT ET ADMINISTRATION. HÉRITAGES ET ÉVOLUTIONS

« La Nation assure à l'individu et à la famille les conditions nécessaires à leur développement. »

ARTICLE 10 DE LA CONSTITUTION DE LA IVE RÉPUBLIQUE.

Dans cette citation, la constitution de la IVe république rappelle la fonction sociale de la république qui prend en charge désormais la responsabilité de garantir un niveau minimum de revenus aux habitants du pays. Cette constitution écrite au lendemain de la guerre est une réponse à la période noire de Vichy qui a vu conjointement la disparition de la démocratie et l'augmentation de la précarité des Français. L'État est dans une perspective de reconstruction, tant démocratique que sociale. On se dirige vers une logique d'État-Providence.

Comment l'utiliser ? Cette citation est davantage appropriée pour le corps d'une composition afin d'aborder les fondations idéologiques de la nouvelle gestion du pays après la guerre.

« La France ne peut être la France sans la grandeur. »

Charles de Gaulle (1870-1970)

« Tentaculaire et en même temps inefficace : voilà, nous le savons, ce qu'est en passe de devenir l'État. »

Jacques Chaban-Delmas (1915-2000), 1969

« Il est grand temps de tourner le dos aux idéologies fermées, aux systèmes construits pour substituer à l'autonomie défaillante de l'individu tel ou tel mode de prise en charge par la collectivité. »

Jacques Chirac (1932-), 1986

« Je ne pense pas que les Français veulent un Président glacé et qui devient glaçant. Il faut mettre de la vie au plus haut niveau du pouvoir. »

Nicolas Sarkozy (1955-), 2007

LE PROJET D'UNE EUROPE POLITIQUE DEPUIS LE CONGRÈS DE LA HAYE (1948)

« La contribution qu'une Europe organisée et vivante peut apporter à la civilisation est indispensable au maintien des relations pacifiques. »

Robert Schuman (1886-1963)

Robert Schuman est considéré comme l'un des « pères fondateurs de l'Europe ». Cette phrase est extraite de sa déclaration lors du lancement de la CECA (Communauté européenne du charbon et de l'acier), première pierre concrète de la construction européenne post-Seconde Guerre mondiale, le 9 mai 1950. Le traumatisme de la guerre n'est pas encore effacé. L'originalité de cette union douanière tient donc dans cette volonté d'accomplir un geste apaisant vis-à-vis de l'ancien ennemi allemand. C'est la raison pour laquelle Robert Schuman évoque la paix comme motivation première de ce projet qui ne semble qu'économique.

Comment l'utiliser ? Cette citation peut être utilisée en cours de composition sur la construction européenne afin de mettre en relief la permanence de cet argument de construction de la paix dans la perspective de construction européenne. Il faudra ensuite souligner le paradoxe d'une construction dont les aspects politique et militaire (Communauté européenne de défense) peinent à avancer au regard des impératifs économiques.

« L'Europe aurait la meilleure organisation possible si toutes les nations qu'elle renferme, étant gouvernées chacune par un parlement, reconnaissaient la suprématie d'un parlement général, placé au-dessus de tous les gouvernements nationaux et investi du pouvoir de juger leurs différends. »

HENRI DE SAINT-SIMON (1760-1825)

« Et on entendra la France crier : "Allemagne, me voilà ! Suis-je ton ennemie ? Non ! je suis ta sœur ! [...] Soyons la même République, soyons les États-Unis d'Europe !" »

VICTOR HUGO (1802-1885)

« Je pense qu'entre des peuples qui sont géographiquement groupés comme les peuples d'Europe, il doit exister une sorte de lien fédéral. »

ARISTIDE BRIAND (1862-1932)

« Si l'Europe s'unissait un jour pour partager son héritage commun, il n'y aurait pas de limite au bonheur, à la prospérité et à la gloire dont pourrait jouir sa population de trois ou quatre cents millions d'âmes. Nous devons créer un genre d'États-Unis d'Europe. De cette façon, des centaines de milliers de travailleurs pourront recouvrer les simples joies et espoirs qui rendent la vie digne d'être vécue. »

WINSTON CHURCHILL (1874-1965)

« Se figurer qu'on peut bâtir quelque chose d'efficace pour l'action et que ce soit approuvé par les peuples en dehors et au-dessus des États, c'est une chimère. »

CHARLES DE GAULLE (1890-1970)

« Le pouvoir qu'on enlève au peuple, aucun autre peuple ni aucune réunion de peuples n'en hérite. Ce sont des technocrates désignés et contrôlés encore moins démocratiquement qu'auparavant qui en bénéficient et le déficit démocratique, tare originelle de la construction européenne s'en trouve aggravé. »

PHILIPPE SÉGUIN (1943-2010)

II LA GOUVERNANCE ÉCONOMIQUE MONDIALE DEPUIS 1944

« Bretton Woods, un esprit plus qu'un système »

ROBERT FRANCK (1944-), LA FRANCE ET LES INSTITUTIONS DE BRETTON WOODS, PARIS, COMITÉ POUR L'HISTOIRE ÉCONOMIQUE ET FINANCIÈRE DE LA FRANCE, 1988.

Robert Frank est un historien français spécialisé notamment dans l'histoire des relations internationales. Dans ce livre, il développe l'idée que c'est surtout l'« esprit » de Bretton Woods qui constitue une véritable rupture dans la gouvernance mondiale. Son application concrète ne sera que plus tardive et progressive. À la veille de la victoire des États-Unis lors de la Seconde Guerre Mondiale, les États décident la mise en place d'une parité fixe qui indexe les monnaies internationales sur le dollar. Cette décision repose sur un double constat : la nécessité d'une véritable coopération économique internationale, mais aussi la reconnaissance du poids et de la solidité incomparable de l'économie américaine.

Comment l'utiliser ? Cette citation peut surtout s'utiliser en début de composition afin de montrer la rupture provoquée par la montée en puissance des États-Unis au lendemain de la guerre.

« Dans une société saine, l'économie ne reste pas longtemps en bonne santé, mais ce n'est pas l'État qui crée une société saine. »

MARGARET THATCHER (1925-)

« La croissance et la stabilité de nos économies aideront à la prospérité de l'ensemble du monde industriel et des pays en développement. »

FONDATION DU G7 À RAMBOUILLET, 1975

« Notre époque exige une nouvelle coopération internationale entre tous, gouvernements, société civile et secteur privé, travaillant ensemble pour le bien collectif. »

BAN KI-MOON (1944-), 2009

« Construire un consensus politique, économique et culturel alternatif à la mondialisation néolibérale et militarisée et à l'hégémonisme des États-Unis et de leurs alliés. »

APPEL DE BAMAKO, 2006

« L'ancienne géographie du commerce internationale doit être profondément refaçonnée »

LULA, 2006

« Le monde n'est pas une marchandise. », « la bourse ou la vie ? »

SLOGANS ATTAC

“ Philosophie ”

Patrick Ghrenassia,
agrégé de philosophie

INTRODUCTION

En philosophie, une courte citation vient renforcer votre argumentation et donner du relief à vos connaissances. Il vous faut choisir un auteur qui fasse autorité en la matière, comme Hegel sur l'histoire, ou Kant sur la morale. Mais la citation ne se suffit pas à elle-même. Elle doit être analysée et expliquée : il faut la reformuler avec vos mots pour montrer que vous l'avez bien comprise. Ensuite, il faut montrer où est son rapport avec la notion traitée par le sujet : est-ce un paradoxe qui contredit un préjugé ? S'oppose-t-elle à la thèse d'un autre philosophe ? À quelle question répond-elle ? Quelles en sont les conséquences ? Comment peut-elle être reliée avec d'autres notions ou d'autres questions ?

Une citation n'est pas un argument d'autorité ; elle est un apport dans une discussion. Elle peut faire l'objet de réserves, de critiques ou d'objections. La citation d'un philosophe vous donne l'occasion d'entrer en conversation avec un grand esprit du passé. L'originalité de votre analyse ne fait pas table rase du passé, et l'exercice de la pensée suppose ce dialogue avec ceux qui ont pensé avant vous.

À vous de vous montrer à la hauteur.

LE SUJET

III LA CONSCIENCE

> « La conscience est un trait d'union entre ce qui a été et ce qui sera, un pont jeté entre le passé et l'avenir. »
>
> HENRI BERGSON (1859-1941)

La conscience nous permet de relier le passé, le présent et le futur. Par la mémoire, nous rendons présent le passé ; par l'imagination et l'anticipation, nous rendons présent l'avenir. Ainsi, la conscience est le fait de « connaître ensemble » ce que le temps sépare ; elle est la synthèse du temps. Grâce à elle, l'homme est un être historique, et non une existence ponctuelle et immédiate qui se contenterait de la satisfaction des besoins présents, comme un animal ou une plante.

Par la conscience, qui est le propre de l'homme, l'existence humaine s'inscrit dans une histoire de l'humanité : chaque individu est l'héritier et le continuateur des générations passées. Elle nous procure une responsabilité dans nos actes par l'anticipation des conséquences de nos actes. Elle fonde la morale, en rendant possible le devoir envers le passé (respect des ancêtres) et envers l'avenir (sauvegarder la planète et permettre le progrès de l'humanité).

Comment l'utiliser ? Cette citation s'applique à un sujet sur la liberté, car la conscience nous détache des nécessités matérielles et nous rend capables de choisir notre destin. Mais aussi à des questions sur l'histoire ou l'existence dans le temps, puisqu'elle conditionne notre rapport au temps.

« Conscience signifie d'abord mémoire. »

Henri Bergson (1859-1941)

« Je pense, donc je suis. »

René Descartes (1596-1650)

« Tout homme, en tant qu'être moral, possède en lui, originairement, une conscience morale. »

Emmanuel Kant (1724-1804)

« La conscience morale est la raison pratique représentant à l'être humain son devoir. »

Emmanuel Kant (1724-1804)

« Ce n'est pas la conscience qui détermine la vie, mais la vie qui détermine la conscience. »

Karl Marx (1818-1883)

« La conscience de soi (comme séparé de la vie biologique) consiste à se montrer comme pure négation de sa manière d'être objective (corps vivant). »

Hegel (1770-1831)

« La conscience est la conséquence du renoncement aux pulsions. »

Sigmund Freud (1856-1939)

III LA PERCEPTION

« La perception dispose de l'espace dans l'exacte proportion où l'action dispose du temps. »

HENRI BERGSON (1859-1941)

Bergson résume par là le pouvoir de l'homme sur le monde : par la perception nous connaissons l'espace, les lieux et les choses ; par l'action nous organisons le temps. Or le temps et l'espace sont les deux dimensions de l'existence et de la connaissance humaine. Cette formule suggère que la perception est passive, que, par elle, nous ne sommes que spectateurs du monde ; alors que, en tant qu'acteurs, nous produisons l'histoire en modifiant le cours du temps.

La passivité de la perception nous permet d'accueillir le monde tel qu'il est, de l'observer et de le connaître. La perception est à l'origine de l'art comme contemplation du monde offert à nos sens.

Mais la perception nous limite au présent et à l'immédiat. Seuls la mémoire, la conscience et l'action peuvent nous ouvrir au passé et au futur. La perception seule est la réceptivité sensible, qui nous est commune à l'animal. Elle est victime des illusions des sens et ne suffit pas à connaître la vérité.

Comment l'utiliser ? Cette citation sera utile pour des sujets sur notre connaissance de la vérité, ou sur la différence entre théorie et pratique, science et action.

« Être, c'est être perçu. »

GEORGE BERKELEY (1685-1753)

« Nos sens étant frappés par certains objets extérieurs, font entrer dans notre âme plusieurs perceptions distinctes de choses. »

JOHN LOCKE (1632-1704)

« Il y a mille marques qui font juger qu'il y a à tout moment une infinité de perceptions en nous, [...] dont nous ne nous apercevons pas... »

LEIBNIZ (1646-1716)

« La perception, par exemple, pose son objet comme existant. »

JEAN-PAUL SARTRE (1905-1980)

« Je ne puis jamais arriver à me saisir moi-même sans une perception, et jamais je ne puis observer autre chose que la perception. »

DAVID HUME (1711-1776)

« Je dois distinguer l'idée de ma main de la perception que j'en ai ; les idées des objets sont donc préalables aux perceptions que nous en avons. »

NICOLAS MALEBRANCHE (1638-1715)

« Parce que l'entendement joue un rôle dans la perception des choses, [...] l'illusion peut s'intercaler entre la matière, soit ce qui est donné, et la forme, c'est-à-dire ce qui est pensé. »

ALAIN (1868-1951)

« L'énigme tient en ceci que mon corps est à la fois voyant et visible. »

MAURICE MERLEAU-PONTY (1908-1961)

III L'INCONSCIENT

« L'interprétation des rêves est la voie royale de la connaissance de l'inconscient. »

SIGMUND FREUD (1856-1939)

L'inconscient, par définition, ne peut être connu directement par la conscience. On ne peut connaître l'inconscient que par ses signes et ses effets conscients.

Pour Freud, le rêve est la principale manifestation de l'inconscient. Un rêve est l'expression déguisée d'un désir censuré et refoulé. Il procède par symboles et transpositions. Il faut l'interpréter pour en comprendre le sens caché (le désir refoulé) derrière le sens apparent (le rêve conscient).

L'interprétation des rêves est « la voie royale » car, durant le sommeil, la conscience est moins vigilante, la censure moins forte, et le désir peut se manifester plus facilement, même en se déguisant.

Même si l'on peut décrypter les désirs inconscients à travers d'autres signes, comme les lapsus ou les actes manqués, le rêve reste la voie la plus directe à la connaissance de l'inconscient.

Comment l'utiliser ? Cette citation s'applique aux questions portant sur le rapport entre l'inconscient et la conscience, ainsi qu'aux sujets traitant de la connaissance de la vérité et du sens.

« L'inconscient est le psychique lui-même et son essentielle réalité. Sa nature intime nous est aussi inconnue que la réalité du monde extérieur, et la conscience nous renseigne sur lui d'une manière aussi incomplète que nos organes des sens sur le monde extérieur. »

Sigmund Freud (1856-1939)

« J'ai encore constaté, dans l'analyse des rêves que l'inconscient se sert, surtout pour représenter les complexes sexuels, d'un certain symbolisme. »

Sigmund Freud (1856-1939)

« Il existe deux variétés d'inconscient : les faits psychiques latents, mais susceptibles de devenir conscients, et les faits psychiques refoulés qui, comme tels et livrés à eux-mêmes, sont incapables d'arriver à la conscience. »

Sigmund Freud (1856-1939)

« Les œuvres d'art [sont] les satisfactions imaginaires de désirs inconscients, tout comme les rêves. »

Sigmund Freud (1856-1939)

« La psychanalyse existentielle rejette le postulat de l'inconscient : le fait psychique est, pour elle, coextensif à la conscience. »

Jean-Paul Sartre (1905-1980)

« En somme il n'y a pas d'inconvénient à employer couramment le terme d'inconscient ; c'est un abrégé du mécanisme. Mais, si on le grossit, alors commence l'erreur ; et, bien pis, c'est une faute. »

Alain (1868-1951)

« L'inconscient est une méprise sur le Moi, c'est une idolâtrie du corps. »

Alain (1868-1951)

III AUTRUI

« L'enfer, c'est les autres »

Jean-Paul Sartre (1905-1980)

Par cette phrase tirée de sa pièce *Huis clos,* Sartre signifie que je suis prisonnier du regard des autres. L'enfer signifie que ma liberté est aliénée en ce qu'elle dépend des autres, de leurs opinions et sentiments.

Je crois être libre, alors que « les autres », mon entourage, la société, m'enferment dans une image toute faite. L'enfant, déjà, est prisonnier du regard de ses parents qui choisissent son prénom et projettent sur lui leurs désirs et leurs projets. L'adulte est prisonnier de son métier, de sa vie familiale, de ses amis même qui veulent qu'il soit et reste tel qu'ils le désirent.

Ainsi, chacun inconsciemment s'aliène aux désirs des autres au lieu d'être lui-même et d'assumer sa liberté au risque de décevoir son entourage.

« L'enfer, c'est les autres » signifie que notre liberté est souvent aliénée par la pression sociale. Souvent, « Je » est ce que les autres en font ou attendent de moi.

Comment l'utiliser ? Voilà une citation utile pour les questions sur la société, les échanges et toutes nos relations aux autres à travers les sentiments.

« Autrui est d'abord pour moi l'être pour qui je suis objet. »

JEAN-PAUL SARTRE (1905-1980)

« J'ai besoin de la médiation d'autrui pour être ce que je suis. »

JEAN-PAUL SARTRE (1905-1980)

« Le vaniteux fait dépendre son propre bonheur de l'activité d'autrui. »

MARC AURÈLE (121-180)

« Le monde auquel je suis est toujours un monde que je partage avec d'autres. »

MARTIN HEIDEGGER (1889-1976)

« Dans l'expérience du dialogue, il se constitue entre autrui et moi un terrain commun, ma pensée et la sienne ne font qu'un. »

MAURICE MERLEAU-PONTY (1908-1961)

« Autrui joue toujours dans la vie de l'individu le rôle d'un modèle, d'un objet, d'un associé ou d'un adversaire. »

SIGMUND FREUD (1856-1939)

« Le visage d'autrui est dénué (sans défense) ; c'est le pauvre pour lequel je peux tout et à qui je dois tout. »

EMMANUEL LEVINAS (1906-1995)

« Je n'existe que dans la mesure où j'existe pour autrui. »

EMMANUEL MOUNIER (1905-1950)

III LE DÉSIR

« Le désir est l'appétit accompagné de la conscience de lui-même. »

SPINOZA (1632-1677)

Spinoza définit ici le désir. Qu'est-ce que l'« appétit » ?

L'appétit est cette force qui pousse à rester en vie, cet effort à « persévérer dans son être », comme dit Spinoza. Ne dit-on pas avoir « l'appétit de vivre » ?

Les différents appétits (faim, soif, besoin sexuel) ne sont que des expressions de cet appétit fondamental qui anime tout être vivant. L'appétit se trouve chez l'homme en ce qu'il est à la fois corps et esprit. Mais la plupart de nos appétits sont inconscients ou instinctifs. Par exemple, on respire ou on digère généralement sans y penser.

Chez l'homme, à certains appétits vient s'ajouter la conscience. Et cette conscience transforme le simple appétit en désir : la faim devient désir de tel ou tel plat; la pulsion sexuelle devient désir de telle personne.

Comment l'utiliser ? Cette citation peut éclairer une définition du désir quand il faut le distinguer du besoin purement corporel ou de l'instinct animal. Le désir permet ici de caractériser l'homme comme union de l'esprit et du corps, et rejoint donc la question de la matière et de l'esprit.

Enfin, cette citation peut concerner le sens de l'existence humaine, ou les illusions créées par le désir et qui nous cachent la vérité.

« Parmi les désirs, certains sont naturels, d'autres sont vains. Parmi les désirs naturels, certains sont nécessaires, d'autres sont simplement naturels. »

ÉPICURE (342-270 AV. J.-C.)

« Il ne faut pas gâter les choses présentes par le désir des absentes. »

ÉPICURE (342-270 AV. J.-C.)

« Malheur à celui qui n'a plus rien à désirer ! »

JEAN-JACQUES ROUSSEAU (1712-1778)

« Ne désire que ce qui dépend de toi. »

ÉPICTÈTE (50-125)

« Ce n'est pas par la satisfaction des désirs que s'obtient la liberté, mais par la destruction du désir. »

Épictète (50-125)

« Ma maxime était de tâcher toujours plutôt à me vaincre que la fortune, et à changer mes désirs que l'ordre du monde. »

René Descartes (1596-1650)

III L'EXISTENCE ET LE TEMPS

« *Carpe diem.* »

Horace (65-8 av. J.-C.)

Le poète latin Horace résume dans cette formule célèbre la conception épicurienne de l'existence et son rapport au temps. On peut traduire par : « Saisis l'instant présent ! »

Vivre au présent apparaît comme la condition du bonheur. En effet, la mémoire du passé nous enferme dans des regrets et des remords, l'anticipation de l'avenir nous fait espérer de vivre au lieu de vivre ici et maintenant. Or, seul le présent existe et dépend de nous ; passé et futur n'existent pas et favorisent les illusions.

Cette formule, en forme d'injonction, conseille ou exige une manière de vivre. Elle insiste sur l'existence au présent. Mais en cela ne prive-t-elle pas l'homme de ce qui fait sa supériorité, à savoir sa capacité à se projeter par sa conscience dans le passé et l'avenir ? Ne le réduit-elle pas à une existence animale rivée à l'instant et à l'instinct ?

Comment l'utiliser ? Cet éloge du temps présent peut s'appliquer à des questions sur l'existence, le désir, le sens du devoir ou la conception du bonheur en morale.

« Dusses-tu vivre trois fois mille ans et même autant de fois dix mille, souviens-toi toujours que personne ne perd d'autre existence que celle qu'il vit et qu'on ne vit que celle qu'on perd. »

MARC AURÈLE (121-180)

« Il n'y a aucune constante existence, ni de notre être ni de celui des objets. Et nous, et notre jugement, et toutes choses mortelles vont coulant et roulant sans cesse. »

MICHEL DE MONTAIGNE (1533-1592)

« L'existence est une douleur constante, tantôt lamentable et tantôt terrible. »

ARTHUR SCHOPENHAUER (1788-1860)

« La vie donc oscille, comme un pendule, de droite à gauche, de la souffrance à l'ennui. »

ARTHUR SCHOPENHAUER (1788-1860)

« La conscience simple, mais empiriquement déterminée, de ma propre existence, prouve l'existence des objets dans l'espace et hors de moi. »

EMMANUEL KANT (1724-1804)

« Qu'est-ce donc que le temps ? Si personne ne me le demande, je le sais ; mais si on me le demande et que je veuille l'expliquer, je ne le sais plus. »

Saint Augustin (354-430)

« L'étendue est la marque de ma puissance. Le temps est la marque de mon impuissance. »

Jules Lagneau (1851-1894)

« Vouloir être de son temps, c'est déjà être dépassé. »

Eugène Ionesco (1909-1994)

LA CULTURE

III LE LANGAGE

« Le mot ne note de la chose que sa fonction la plus commune et son aspect banal. »

Henri Bergson (1859-1941)

Par les mots, le langage ne nous donne qu'une image simplifiée du monde. Les mots ne disent que l'aspect général d'une chose ou en quoi elle nous est utile. Le langage simplifie notre vision du monde dans un but pratique.

Bergson critique cette fonction instrumentale et réductrice du langage. Nous créons les mots, non pour connaître la réalité intime des choses, mais comme des instruments pour les utiliser à notre profit. Le langage est ainsi anthropocentrique et appauvri. Il est l'instrument de notre domination et de notre exploitation du monde. Il est essentiellement d'inspiration technique. Bergson s'oppose ici à la conception réaliste du langage (Platon) selon laquelle les mots expriment la réalité des choses.

Comment l'utiliser ? Cette citation rejoint la question des moyens de connaître la vérité, ou du rôle de la science et de la technique dans notre rapport au monde. Ou celle de l'art permettant un usage poétique et non utilitaire du langage.

« Ce qui fait que les bêtes ne parlent point comme nous est qu'elles n'ont aucune pensée. »

René Descartes (1596-1650)

« Les limites de mon langage signifient les limites de mon propre monde. »

LUDWIG WITTGENSTEIN (1889-1951)

« Le mode de communication employé par les abeilles [...] n'est pas un langage, c'est un code de signaux. »

ÉMILE BENVENISTE (1934-2005)

« Le langage est la maison de l'être. »

MARTIN HEIDEGGER (1889-1976)

« Comme la conscience, le langage naît du seul besoin, de la nécessité du commerce avec d'autres hommes. »

KARL MARX (1818-1883)

« Danger du langage pour la liberté de l'esprit : chaque mot est un préjugé. »

FRIEDRICH NIETZSCHE (1844-1900)

L'ART

« L'œuvre d'art n'est pas la représentation d'une belle chose, mais la belle représentation d'une chose. »

EMMANUEL KANT (1724-1804)

Qu'est-ce qui nous apporte du plaisir dans un tableau ou une photo ? La première réponse serait la chose représentée : un beau coucher de soleil ou un beau corps nu.

Selon Kant, ce n'est pas là la fonction de l'art : l'art n'a pas pour but de nous montrer la réalité objective, mais de présenter une belle forme. La chose représentée importe peu, elle n'est qu'un prétexte. Seul est esthétique le plaisir pris à contempler une belle forme indépendamment de ce qu'elle représente : une belle disposition des couleurs ou un dessin élégant et fin.

Par exemple, Rembrandt peint un tableau représentant une carcasse de bœuf écorché : la chose est laide, dégoûtante même, mais la façon de le peindre est belle, et ce tableau est une œuvre d'art.

Comment l'utiliser ? Vous utiliserez cette citation dans un débat sur l'art opposant une conception formaliste (Kant) à une conception réaliste de l'art comme imitation (Aristote).

« L'art, c'est l'homme ajouté à la nature. »

FRANCIS BACON (1561-1626)

« Tout art est une disposition accompagnée de raison, tournée vers la création. »

ARISTOTE (384-322 AV. J.-C.)

« Nous prenons plaisir à contempler les images les plus exactes des choses dont la vue nous est pénible dans la réalité, comme les formes d'animaux les plus méprisées et des cadavres. »

ARISTOTE (384-322 AV. J.-C.)

« Les poètes ne créent que des fantômes et non des choses réelles. »

PLATON (427-346 AV. J.-C.)

« Les arts n'imitent pas directement les objets visibles, mais remontent aux raisons d'où est issu l'objet naturel. »

PLOTIN (205-270)

« L'œil des peintres de plus en plus susceptible de pensée s'approche des limites où il deviendra immatériel. »

FRIEDRICH NIETZSCHE (1844-1900)

« La vie imite l'art, bien plus que l'art n'imite la vie. »

OSCAR WILDE (1854-1900)

III LE TRAVAIL ET LA TECHNIQUE

« Le travail est désir refréné, disparition retardée : le travail forme. »

HEGEL (1770-1831)

Hegel fait ici l'éloge du travail : par le travail, nous apprenons la patience. Le désir ne peut être satisfait immédiatement; nous travaillons, économisons, accumulons dans l'attente de satisfaire nos plus grands désirs.

En attendant, le désir n'est pas satisfait, mais sert de prétexte à un travail illimité. Au lieu d'être un moyen de vivre, le travail devient raison de vivre; de moyen, il devient fin en soi, et nous finissons par désirer le travail pour lui-même.

Le travail nous enseigne la patience, la frustration, le refoulement : en cela, il nous « forme », en nous élevant au-dessus de la satisfaction animale immédiate, en nous apprenant à contrôler nos désirs, en nous rendant capable de maîtriser notre nature intérieure et la nature extérieure. Malheureusement, les nazis afficheront la devise « Le travail rend libre » à l'entrée d'Auschwitz, donnant une tournure dramatique à la formule optimiste de Hegel.

Comment l'utiliser ? Cette citation sujette à polémique doit être utilisée prudemment, en montrant clairement son sens moral (le travail humanise) ou historique (le travail humanise la nature).

« En fait l'élément libérateur de l'opprimé, c'est le travail. En ce sens, c'est le travail qui est d'abord révolutionnaire. »

JEAN-PAUL SARTRE (1905-1980)

« Ce fut un coup de maître de l'instinct anglais de faire du dimanche une journée si sainte et si ennuyeuse que l'Anglais en vient, à son insu, à désirer le retour des jours de semaine et de travail. »

FRIEDRICH NIETZSCHE (1844-1900)

« Le règne de la liberté commence seulement à partir du moment où cesse le travail dicté par la nécessité. »

KARL MARX (1818-1883)

« Mais ce qui distingue dès l'abord le plus mauvais architecte de l'abeille la plus experte, c'est qu'il a construit la cellule dans sa tête avant de la construire dans la ruche. »

KARL MARX (1818-1883)

« Historiquement, la technique a précédé la science, l'homme primitif a connu des techniques. »

Jacques Ellul (1912-1994)

« Aussi longtemps que nous nous représentons la technique comme un instrument, nous restons pris dans la volonté de la maîtriser. »

Martin Heidegger (1889-1976)

« Rien n'est plus laid qu'un outil brisé et jeté sur un tas, rien n'est plus laid qu'une machine rouillée, une roue brisée au bord de la route. »

Alain (1868-1951)

III LA RELIGION

« La religion est une réaction défensive de la nature contre la représentation, par l'intelligence, de l'inévitabilité de la mort. »

Henri Bergson (1859-1941)

Quelle est l'origine de la religion ? Bergson répond que c'est une réaction à la crainte de la mort. Par la religion, l'intelligence humaine se défend de l'angoisse de la mort et d'un retour au néant. En effet, la croyance religieuse pose un Dieu qui veille à notre salut par sa providence et nous donne l'espoir d'une vie éternelle après la mort. La religion est donc une illusion qui aide à vivre en évitant le désespoir : fausse et nécessaire, elle console l'humanité. Mais, comme dit Nietzsche, « tout ce qui console, ment ».

▶ **Comment l'utiliser ?** Cette citation sera utile dans un débat entre vérité et illusion, et sur la question morale posée par l'existence humaine confrontée à la mort.

« C'est l'homme qui fait la religion, ce n'est pas la religion qui fait l'homme. »

Karl Marx (1818-1883)

« La religion est le soupir de la créature accablée, le cœur d'un monde sans cœur, comme elle est l'esprit d'une époque sans esprit. Elle est l'opium du peuple. »

Karl Marx (1818-1883)

« Tant la religion fut capable de conseiller de mauvaises actions ! »

Lucrèce (Ier siècle av. J.-C.)

« L'art, la religion et la philosophie ne diffèrent que par la forme ; leur objet est le même. »

Hegel (1770-1831)

« Les religions sont comme des routes différentes convergeant vers un même point. »

Gandhi (1869-1948)

« La conduite de Dieu, qui dispose toutes choses avec douceur, est de mettre la religion dans l'esprit par les raisons, et dans le cœur par la grâce. »

Blaise Pascal (1623-1662)

« Toute religion est née de la peur et du besoin. »

FRIEDRICH NIETZSCHE (1844-1900)

III L'HISTOIRE

« Un homme versé dans l'histoire peut être regardé comme ayant vécu depuis le commencement du monde. »

DAVID HUME (1711-1776)

Cette citation répond à la question de l'utilité de l'histoire : l'histoire sert à accumuler une expérience qui remonte aux origines de l'humanité. En effet, par l'histoire, chaque génération transmet la mémoire des générations passées, et la jeune génération bénéficie des découvertes et des leçons du passé. Ainsi, les hommes ne sont pas condamnés à recommencer de zéro à chaque génération, comme le font les animaux. Grâce à l'histoire, l'humanité peut progresser et s'améliorer en évitant de refaire des erreurs.

L'histoire des sciences, par exemple, permet à chaque chercheur de s'appuyer sur les découvertes d'Archimède ou Newton ; de même pour la médecine. En revanche, on peut s'interroger sur la politique ou la morale ; dans ce domaine, Hegel considère qu'on ne tire pas de leçons du passé, parce que chaque situation est nouvelle et ne peut être comparée aux situations du passé. De fait, on peut se demander s'il y a un progrès de l'humanité en politique et en morale.

Comment l'utiliser ? Cette citation peut être mobilisée dans un sujet sur notre rapport au temps, sur le rôle politique de l'histoire, sur l'existence humaine étendue aux générations passées, ou sur la possibilité d'un progrès en histoire.

« L'histoire justifie ce que l'on veut. »

PAUL VALÉRY (1871-1945)

« L'histoire ne repasse pas les plats. »

LOUIS-FERDINAND CÉLINE (1894-1961)

« Ce que raconte l'histoire n'est en fait que le long rêve, le songe lourd et confus de l'humanité. »

ARTHUR SCHOPENHAUER (1788-1860)

« La devise générale de l'histoire devrait être *Eadem sed aliter* (les mêmes choses mais d'une autre manière.) »

ARTHUR SCHOPENHAUER (1788-1860)

« On peut envisager l'histoire de l'espèce humaine en gros comme la réalisation d'un plan caché de la nature pour produire une constitution politique parfaite. »

EMMANUEL KANT (1724-1804)

« L'histoire de toute société jusqu'à nos jours n'a été que l'histoire des luttes de classes. »

KARL MARX (1818-1883)

« Celui qui ne connaît pas l'histoire est condamné à la revivre. »

KARL MARX (1818-1883)

« Rien de grand ne s'est accompli dans le monde sans passion. »

HEGEL (1770-1831)

LA RAISON ET LE RÉEL

THÉORIE ET EXPÉRIENCE

« Le critère de la scientificité d'une théorie réside dans la possibilité de l'invalider, de la réfuter ou encore de la tester. »

KARL POPPER (1902-1994)

La question est de savoir à quelles conditions une théorie est vraie. Karl Popper y répond par le critère de la falsifiabilité : une théorie scientifique doit être falsifiable, c'est-à-dire qu'on doit pouvoir imaginer une expérience qui la rendrait fausse. Et cette théorie est considérée comme vraie tant que cette expérience n'a pas réussi, tant qu'elle n'a pas été falsifiée.

Popper renverse l'épistémologie (théorie des sciences) traditionnelle : jusqu'à lui, on pensait qu'une hypothèse était vraie du moment qu'une expérience l'avait vérifiée ; Popper y substitue un critère négatif : est vrai ce qui n'a pas été encore falsifié. Cela montre le caractère fragile et provisoire des théories scientifiques : une vérité scientifique est provisoire, et seule l'histoire des sciences est vraie dans son déploiement temporel. Par ce critère de falsifiabilité, Popper écarte de la science les théories qui se vérifient dans tous les cas, donc infalsifiables, comme le marxisme ou la psychanalyse.

Comment l'utiliser ? Cette citation sera bienvenue dans un sujet sur la vérité pour en donner un critère scientifique, ou dans un débat sur le progrès des connaissances, ou encore sur la liberté nécessaire à la critique des préjugés d'une époque.

« Un système faisant partie de la science empirique doit pouvoir être réfuté par l'expérience. »

KARL POPPER (1902-1994)

« L'expérience est son propre critère à elle-même. »

JOHN STUART MILL (1806-1873)

« *Verum index sui* (le vrai est sa propre norme). »

SPINOZA (1632-1677)

« Une expérience scientifique est [...] une expérience qui contredit l'expérience commune. »

GASTON BACHELARD (1884-1962)

« L'expérience n'est qu'une observation invoquée dans un but de contrôle. »

CLAUDE BERNARD (1813-1878)

« L'expérience : c'est là le fondement de toutes nos connaissances. »

JOHN LOCKE (1632-1704)

« Si toute notre connaissance débute avec l'expérience, cela ne prouve pas qu'elle dérive toute de l'expérience. »

EMMANUEL KANT (1724-1804)

III LA DÉMONSTRATION

« Il est impossible de démontrer à l'infini... »

SEXTUS EMPIRICUS (160-210)

Sextus Empiricus est l'un des fondateurs du scepticisme. Le scepticisme consiste à douter de la possibilité d'une vérité absolue, et à soutenir que toute connaissance est probable et provisoire.

Or toute connaissance scientifique repose soit sur l'expérience (sciences expérimentales, vérité *a posteriori*), soit sur la démonstration (mathématiques, vérité *a priori*).

Par cette phrase, Sextus Empiricus limite et relativise la connaissance logique et mathématique qui repose sur la démonstration : il est possible de démontrer, mais tout n'est pas démontrable. En effet, les raisonnements mathématiques reposent sur des axiomes et des postulats qui doivent être acceptés sans démonstration.

Selon Euclide, un axiome est une proposition évidente par elle-même ; un postulat est une affirmation qu'on demande d'admettre sans se prononcer sur sa vérité. Les principes mathématiques qui servent aux démonstrations sont eux-mêmes indémontrables...

Comment l'utiliser ? Voilà une citation utile pour traiter un sujet sur la vérité et l'impossibilité de tout démontrer, donc sur les limites de la raison humaine.

« Démontrer n'est pas autre chose que résoudre les termes d'une proposition et substituer au terme défini sa définition ou une de ses parties pour dégager une sorte d'équation. »

LEIBNIZ (1646-1716)

« Pour connaître certainement une chose *a priori,* il ne devait attribuer à cette chose que ce qui dérivait nécessairement de ce qu'il y avait mis lui-même, suivant le concept qu'il s'en était fait. »

EMMANUEL KANT (1724-1804)

« Ceux qui cherchent le droit chemin de la vérité ne doivent s'occuper d'aucun objet dont ils ne puissent avoir une certitude égale aux démonstrations de l'arithmétique et de la géométrie. »

RENÉ DESCARTES (1596-1650)

« On peut, sur les vérités de fait, se passer de la démonstration si l'on sait se servir de l'expérience. »

ROGER BACON (1214-1294)

« Tout Paris m'assurerait qu'un mort vient de ressusciter à Passy que je n'en croirais rien. Une seule démonstration me frappe plus que cinquante faits. »

DENIS DIDEROT (1713-1784)

« La logique, qui peut seule donner la certitude, est l'instrument de la démonstration : l'intuition est l'instrument de l'invention. »

HENRI POINCARÉ (1854-1912)

III L'INTERPRÉTATION

« On ne peut plus parler, car personne ne peut commencer son discours sans témoigner aussitôt de tout autre chose que de ce qu'il dit. »

EMMANUEL LEVINAS (1906-1995)

Levinas s'en prend ici à un délire de l'interprétation qu'il pense trouver dans certaines théories du XXe siècle, particulièrement la psychanalyse et la sociologie.

Depuis Nietzsche s'est développée une « ère du soupçon » alimentée par Marx et Freud : tout geste ou discours est soupçonné de trahir une intention cachée et honteuse : la morale, selon Nietzsche, exprime une volonté de puissance ; philosophie et religion dissimulent des intérêts de classe, selon Marx ; nos paroles et nos actes révèlent nos désirs inconscients, selon Freud. Ainsi, tout doit être interprété comme révélateur d'un sens caché, comme symptôme. Chacun est dépossédé de ses paroles et de ses actes, et soumis à un interprète qui va lui révéler sa vérité honteuse. Le principal ne réside plus dans ce que nous disons, mais dans ce que nous cachons.

Comment l'utiliser ? Cette protestation de Levinas peut s'intégrer dans un sujet sur le sens du langage, sur le pouvoir de la conscience et de l'inconscient, et sur la question de savoir si nous sommes libres de nos actes et de nos paroles.

« Les sons émis par la voix sont les symboles des états de l'âme ; et les mots écrits, les symboles des mots émis par la voix. »

ARISTOTE (384-322 AV. J.-C.)

« Les philosophes n'ont fait qu'interpréter diversement le monde, il s'agit maintenant de le transformer. »

Karl Marx (1818-1883)

« Que les choses puissent avoir une nature en soi, indépendamment de l'interprétation et de la subjectivité, c'est une hypothèse parfaitement oiseuse. »

Friedrich Nietzsche (1844-1900)

« La réalisation du désir s'exprime parfois dans le rêve d'une manière indirecte. »

Sigmund Freud (1956-1939)

« Cette méthode pour interpréter sûrement la Bible, loin d'être différente de la méthode qui sert à interpréter la nature, lui est au contraire parfaitement conforme. »

Spinoza (1632-1677)

« À partir de Freud, Marx et Nietzsche, il me semble que le signe va devenir malveillant. »

Michel Foucault (1926-1984)

« Toute action suivant la règle serait une interprétation. Mais on ne devrait donner au terme "interprétation" d'autre sens que celui-ci : le fait de substituer une expression de la règle à une autre. »

Ludwig Wittgenstein (1889-1951)

III LE VIVANT

« La nature n'a aucune fin à elle prescrite et toutes les causes finales ne sont rien que des fictions des hommes. »

SPINOZA (1632-1677)

On pense souvent que la vie est le but de la nature ; ou que le but de la vie est le bonheur humain ou la gloire de Dieu. Spinoza objecte que la nature et la vie n'ont aucun but, aucune finalité : ils ne « servent » à rien d'extérieur ou de supérieur à eux.

La vie a pour seule fin sa perpétuation et sa reproduction. La seule « raison de vivre » selon la nature est la vie elle-même. C'est là une conception scientifique du vivant qui s'explique par les causes matérielles et non par les causes finales, qui sont des illusions.

La main n'est pas faite « pour » saisir, mais « parce que » l'évolution humaine a peu à peu libéré la main grâce à la station debout. Spinoza défend une conception mécaniste du vivant, contre une conception finaliste soutenue, par exemple, par Aristote (la forme du cheval est faite « pour la course »).

Comment l'utiliser ? Cette citation s'inscrit dans une critique du finalisme dans la nature. Elle porte sur notre capacité à connaître la vérité et sur les illusions que notre esprit produit. Elle concerne aussi le désir que l'homme a de voir la nature servir ses intérêts (anthropocentrisme).

« Il y a comme un dessin préétabli de chaque être et de chaque organe. »

CLAUDE BERNARD (1813-1878)

« Jusqu'à aujourd'hui, nous ne rencontrions dans les interactions sociales que des personnes nées naturellement, non des personnes fabriquées. »

JÜRGEN HABERMAS (1929)

« Le corps d'un homme vivant diffère autant de celui d'un homme mort que fait une montre ou autre automate [...], lorsqu'elle est montée et qu'elle a en soi le principe corporel des mouvements pour lesquels elle est instituée, avec tout ce qui est requis pour son action, et la même montre, ou autre machine, lorsqu'elle est rompue. »

RENÉ DESCARTES (1596-1650)

« Dans la nature, les êtres organisés sont ainsi les seuls, qui, lorsqu'on les considère en eux-mêmes et sans rapport à d'autres choses, doivent être pensés comme possibles seulement en tant que fins de la nature. »

EMMANUEL KANT (1724-1804)

« Dans une montre, un rouage ne peut en produire un autre et encore moins une montre d'autres montres. »

EMMANUEL KANT (1724-1804)

« On doit aborder sans dégoût l'examen de chaque animal avec la conviction que chacun réalise sa part de nature et de beauté. »

ARISTOTE (384-322 AV. J.-C.)

III LA MATIÈRE ET L'ESPRIT

« Je crois la pensée si peu incompatible avec la matière organisée qu'elle semble en être une propriété... »

LA METTRIE (1709-1751)

La Mettrie est matérialiste : il considère que l'esprit n'est pas séparé de la matière, mais qu'il est matériel et est une partie du corps. L'esprit ou l'âme, selon lui, n'est pas d'une nature différente de la matière : il n'est que la forme la plus organisée de la matière, à savoir le cerveau.

Cela suppose que l'esprit meurt avec le corps, et que l'âme n'est pas éternelle. Ce que soutiennent d'autres matérialistes, comme Épicure ou Hobbes.

Les recherches actuelles des neurobiologistes confirment, par les phénomènes psychosomatiques, une étroite interdépendance entre le corps et l'esprit.

Comment l'utiliser ? Cette citation s'inscrit dans un débat scientifique sur la nature de la pensée et de l'esprit dans son rapport au corps ; mais aussi dans un débat moral où il s'agit de comprendre comment l'esprit est supérieur au corps tout en dépendant de lui.

« Tournons nos regards vers l'immensité du temps écoulé, songeons à la variété infinie des mouvements de la matière. »

LUCRÈCE (Ier SIÈCLE AV. J.-C.)

« Toutes nos analyses nous montrent dans la vie un effort pour remonter la pente que la matière descend. »

HENRI BERGSON (1859-1941)

« Désordre dans le corps, erreur dans l'esprit, l'un nourrissant l'autre. »

ALAIN (1868-1951)

« Les nombreux éléments, depuis un temps infini, sous l'impulsion des chocs qu'ils reçoivent et de leur propre poids, s'assemblent de mille manières différentes et essayent toutes les combinaisons qu'ils peuvent former entre eux. »

ÉPICURE (342-270 AV. J.-C.)

« Sans doute c'est cette idée de la parfaite et suprême unité qui me fait tant chercher quelque unité dans les esprits, et même dans les corps. »

FÉNELON (1651-1715)

« Les couleurs, les sons, les saveurs [...], n'ont certainement pas d'existence hors de l'intelligence. »

GEORGE BERKELEY (1685-1753)

« La seule chose dont nous nions l'existence, est celle que les philosophes appellent matière ou substance corporelle. »

GEORGE BERKELEY (1685-1753)

III LA VÉRITÉ

« De même que la lumière fait paraître elle-même et les ténèbres, de même la vérité est sa propre norme et celle du faux. »

SPINOZA (1632-1677)

Spinoza donne une définition rationnelle de la vérité : la vérité ne dépend que d'elle-même, comme évidence. La raison reconnaît le vrai immédiatement sans vérification ou critère extérieur : le vrai est à lui-même son propre critère. Il me suffit d'avoir une idée vraie pour la reconnaître comme vraie et pour avoir un critère de vérité pour les idées fausses.

Cette définition pose le vrai comme un absolu dont toutes nos connaissances dépendent, mais qui, lui, ne dépend de rien.

La vérité n'est pas, selon Spinoza, une idée qui correspond à la réalité (Aristote), ou une connaissance tirée de l'expérience (Locke). La vérité est en soi, et son modèle est la vérité mathématique, qui est vraie a priori.

Comment l'utiliser ? Outre la question du critère de la vérité, cette citation traite des modèles scientifiques, opposant sciences expérimentales et sciences logico-mathématiques, donc de la question du rapport entre raison et réalité, pour savoir laquelle impose sa loi à l'autre.

« Vrai et faux sont des attributs de la parole et non des choses. Là où n'est point de parole, il n'y a ni vérité ni fausseté. »

THOMAS HOBBES (1588-1679)

« Une connaissance est fausse quand elle ne concorde pas avec l'objet auquel on la rapporte. »

EMMANUEL KANT (1724-1804)

« Ceux qui cherchent le droit chemin de la vérité ne doivent s'occuper d'aucun objet dont ils ne puissent avoir une certitude égale aux démonstrations de l'arithmétique et de la géométrie. »

RENÉ DESCARTES (1596-1650)

« La vérité est fille de discussion, non pas fille de sympathie. »

GASTON BACHELARD (1884-1962)

« La vérité subsiste éternellement. »

BLAISE PASCAL (1623-1662)

« L'homme n'est qu'un sujet plein d'erreur... Ces deux principes de vérités, la raison et les sens, outre qu'ils manquent chacun de sincérité, s'abusent réciproquement l'un l'autre. »

BLAISE PASCAL (1623-1662)

« Aussi longtemps que nous aurons notre corps et que notre âme sera pétrie avec cette chose mauvaise, jamais nous ne posséderons en suffisance l'objet de notre désir ! Or cet objet, c'est, disons-nous, la vérité. »

PLATON (427-346 AV. J.-C.)

LA POLITIQUE

LA SOCIÉTÉ

« L'homme est un animal politique. »

ARISTOTE (384-322 AV. J.-C.)

Ce qui différencie l'homme de l'animal est, selon Aristote, le fait de vivre en société, de vivre en citoyen dans une cité (polis, en grec). Il existe des communautés animales, mais seul l'homme doué de raison et de langage est capable de se donner librement une constitution politique et d'obéir à des lois. C'est pourquoi la société idéale est une démocratie composée de citoyens libres.

De plus, sur le plan économique, la société humaine permet une division du travail qui favorise l'efficacité du travail social et l'enrichissement collectif. Ainsi la société humaine se divise-t-elle en classes, ou castes produisant des inégalités et des injustices que la loi tente de corriger. La conséquence, pour Aristote, est qu'un homme hors d'une société est soit un dieu soit une bête sauvage, comme ces barbares incapables, selon les Grecs, d'obéir à des lois et de vivre en société.

Comment l'utiliser ? Cette citation peut venir appuyer une analyse sur le sens de l'existence humaine, ou un débat sur l'origine de la société et de l'État : la société est-elle naturelle ou contre-nature ?

« Chacun appelle barbarie ce qui n'est pas de son usage. »

MICHEL DE MONTAIGNE (1533-1592)

« J'entends [...] par antagonisme l'insociable sociabilité des hommes, c'est-à-dire leur inclination à entrer en société, inclination qui est cependant doublée d'une répulsion générale à le faire, menaçant constamment de désagréger cette société. »

Emmanuel Kant (1724-1804)

« Celui qui ne peut pas vivre en société, ou qui n'a besoin de rien parce qu'il se suffit à lui-même, ne fait point partie de l'État ; c'est une brute ou un dieu. »

Aristote (384-322 av. J.-C.)

« Hors de la société, chacun a tellement droit sur toutes choses qu'il ne s'en peut prévaloir et n'a la possession d'aucune ; mais dans la République, chacun jouit paisiblement de son droit particulier. »

Thomas Hobbes (1588-1679)

« À l'homme rien de plus utile que l'homme. »

Spinoza (1632-1677)

« Par suite de cette hostilité primaire qui dresse les hommes les uns contre les autres, la société civilisée est constamment menacée de ruine. »

Sigmund Freud (1856-1939)

« Le premier qui, ayant enclos un terrain, s'avisa de dire : "ceci est à moi", et trouva des gens assez simples pour le croire, fut le vrai fondateur de la société civile. »

Jean-Jacques Rousseau (1712-1778)

III LA JUSTICE ET LE DROIT

« La justice, c'est l'égalité. »

ALAIN (1868-1951)

Par cette formule, Alain résume ce que chacun ressent négativement : il y a injustice lorsque quelqu'un obtient plus qu'un autre. Même un enfant connaît ce sentiment. Mais il faut aller plus loin : la justice est l'égalité des droits. C'est le sens de la loi et de la justice politique. C'est le sens des droits de l'Homme.

Mais l'égalité des droits n'est pas l'égalité simple : tous les citoyens ont également le droit de circuler librement, mais certains ont plus de moyens de voyager que d'autres. L'égalité réelle suppose une égalité des moyens. Cela ne suffit pas encore, car tous n'ont pas les mêmes besoins : est-il juste de donner les mêmes moyens de se nourrir à un célibataire et à un père de famille nombreuse ? Il faut donc donner aussi selon les besoins, qui ne sont pas égaux.

La justice comme égalité exige une distribution proportionnelle. À chacun sa part, mais les parts ne sont pas strictement égales : c'est la justice distributive qui donne selon les besoins et exige selon les moyens de chacun.

Comment l'utiliser ? Cette citation fournit une définition claire de la justice, mais doit être complétée par toutes les formes que peut prendre l'égalité, telle l'équité qui exige d'adapter la loi aux cas particuliers. Elle peut inspirer une réflexion sur la démocratie.

« L'équitable, tout en étant juste, n'est pas le juste selon la loi, mais un correctif de la justice légale. »

ARISTOTE (384-322 AV. J.-C.)

« L'état de nature est l'état de rudesse, de violence et d'injustice. »

HEGEL (1770-1831)

« Ce passage de l'état de nature à l'état civil produit dans l'homme un changement très remarquable, en substituant dans sa conduite la justice à l'instinct. »

JEAN-JACQUES ROUSSEAU (1712-1778)

« Il est plus déshonorant de commettre une injustice que d'en être la victime. »

PLATON (427-346 AV. J.-C.)

« La justice sans la force est impuissante, la force sans la justice est tyrannique. »

BLAISE PASCAL (1623-1662)

« Si la justice disparaît, c'est chose sans valeur que le fait que des hommes vivent sur la Terre. »

EMMANUEL KANT (1724-1804)

« *Summum jus, summa injuria* [comble du droit, comble de l'injustice.] »

CICÉRON (106-43 AV. J.-C.)

L'ÉTAT

« En vérité le but de l'État, c'est la liberté »

SPINOZA (1632-1677)

Cela semble un paradoxe, car, en général, nous percevons l'État comme un ensemble de contraintes exercées par la force : police, impôts, contrôles, frontières… De fait, l'État est un ensemble d'institutions qui s'imposent par la force, force dont il détient le monopole (Max Weber). Un État sans la force serait impuissant à assurer la sécurité de ses sujets qui le renverseraient (Hobbes).

Mais la force ne suffit pas. En effet, la force doit être remplacée par le droit et la justice si l'État veut durer en étant accepté par le peuple : il doit se légitimer par la loi, et devenir un « État de droit ». Si l'État commence dans la violence, son but doit être la liberté, car seule la loi d'un État fort peut garantir la liberté et le droit contre la violence d'une guerre civile et d'un retour à l'état de nature. Par la contrainte de la loi, l'État libère l'homme en le faisant passer de la nature sauvage à la liberté véritable qui est l'obéissance à une loi juste (Rousseau).

Comment l'utiliser ? Cette citation peut intervenir dans une réflexion sur le rôle de l'État et de la loi, et dans un débat sur la liberté politique, par l'État ou contre l'État (anarchie).

« Il faut concevoir l'État contemporain comme une communauté humaine qui, dans les limites d'un territoire déterminé, […] revendique avec succès pour son propre compte le monopole de la violence physique légitime. »

MAX WEBER (1864-1920)

« Si l'État est fort, il nous écrase. S'il est faible, nous périssons. »

PAUL VALÉRY (1871-1945)

« Le droit, l'ordre éthique, l'État constituent la seule réalité positive et la seule satisfaction de la liberté. »

HEGEL (1770-1831)

« Tant que l'État existe, pas de liberté ; quand régnera la liberté, il n'y aura plus d'État. »

LÉNINE (1870-1924)

« L'État, c'est le plus froid de tous les monstres froids. II ment froidement ; et voici le mensonge qui s'échappe de sa bouche : "Moi, l'État, je suis le peuple." »

FRIEDRICH NIETZSCHE (1844-1900)

« L'État n'est que la muselière dont le but est de rendre inoffensive cette bête carnassière, l'homme, et de faire en sorte qu'il ait l'aspect d'un herbivore. »

ARTHUR SCHOPENHAUER (1788-1860)

LA MORALE

LA LIBERTÉ

« Les hommes se croient libres pour cette seule cause qu'ils sont conscients de leurs actions et ignorants des causes par où ils sont déterminés. »

SPINOZA (1632-1677)

Spinoza critique l'illusion de la liberté : les hommes croient choisir alors qu'ils sont choisis. Tel l'ivrogne qui croit faire ce qu'il veut alors qu'il est sous l'emprise de l'alcool, les hommes croient maîtriser leurs actions, parce qu'ils en ignorent les causes profondes : passions et sentiments inconscients, instincts corporels, influences sociales ou familiales… Bref, l'homme n'est pas un « empire dans un empire » : comme tous les êtres naturels, il est déterminé par les lois naturelles.

Précisément, Spinoza vise ici l'illusion du « libre-arbitre » ou liberté de choix, que Descartes appelle « liberté d'indifférence ». Mais Spinoza admet une autre forme de liberté : la vraie liberté est dans la connaissance de la nécessité. C'est en connaissant les causes de mes actions que je peux y conformer ma liberté et vouloir vivre selon les lois de la nature.

La liberté n'est pas dans le refus et la révolte, mais dans la connaissance de la nécessité.

Comment l'utiliser ? Une citation célèbre qui réfute le libre-arbitre, et qui tente de concilier liberté et déterminisme, science et morale.

« L'homme est né libre, et partout il est dans les fers. »

JEAN-JACQUES ROUSSEAU (1712-1778)

« Les hommes naissent et demeurent libres et égaux en droits. »

DÉCLARATION DES DROITS DE L'HOMME ET DU CITOYEN (1789)

« La liberté de notre volonté se connaît sans preuve, par la seule expérience que nous en avons. »

RENÉ DESCARTES (1596-1650)

« L'esclave, à l'instant où il rejette l'ordre humiliant de son supérieur, rejette en même temps l'état d'esclave lui-même. »

ALBERT CAMUS (1913-1960)

« Qui cherche dans la liberté autre chose qu'elle-même est fait pour servir. »

ALEXIS DE TOCQUEVILLE (1805-1859)

« La préméditation de la mort est préméditation de la liberté. Qui a appris à mourir, il a désappris à servir. »

MICHEL DE MONTAIGNE (1533-1592)

« Ce que l'homme perd par le Contrat social, c'est sa liberté naturelle et un droit illimité à tout ce qui le tente et qu'il peut atteindre; ce qu'il gagne, c'est la liberté civile et la propriété de tout ce qu'il possède. »

JEAN-JACQUES ROUSSEAU (1712-1778)

« L'obéissance à la loi qu'on s'est prescrite est liberté. »

JEAN-JACQUES ROUSSEAU (1712-1778)

III LE DEVOIR

« Agis uniquement d'après la maxime qui fait que tu peux vouloir en même temps qu'elle devienne une loi universelle. »

EMMANUEL KANT (1724-1804)

C'est la formulation par Kant de l'impératif catégorique : c'est par cette maxime que la loi morale impose à la volonté ce que je dois faire, si je veux agir moralement. Je dois agir par devoir, et non selon le devoir. C'est-à-dire que mon intention n'est pas de « faire semblant », mais d'avoir une intention pure et désintéressée. Le critère du devoir est le fait qu'une action puisse être universalisée, étendue à tous les hommes.

Par exemple, le mensonge : si je pense avoir le droit de mentir, je dois reconnaître le même droit à tous les hommes. Mais si tous les hommes mentent comme moi, il n'y a plus aucune confiance et plus aucune moralité dans les relations humaines. Aussi, selon Kant, un « droit de mentir » serait contradictoire avec une prétention universelle. Cela indépendamment du contenu de mon action. Cette définition formelle du devoir signifie que, par le devoir, la volonté veut l'universalité des actions humaines.

Comment l'utiliser ? Cette célèbre formule permet de définir ce qu'est une action purement morale. Elle est indispensable pour un sujet portant sur les motifs de l'action humaine, intéressée ou désintéressée, égoïste ou altruiste, relative ou universelle.

« Le devoir est la nécessité d'accomplir une action par respect pour la loi. »

EMMANUEL KANT (1724-1804)

« Nul ne possède d'autre droit que celui de toujours faire son devoir. »

AUGUSTE COMTE (1798-1857)

« Parmi les devoirs particuliers envers autrui, le premier est la véracité de la parole et de la conduite. »

HEGEL (1770-1831)

« Le plus fort n'est jamais assez fort pour être toujours le maître s'il ne transforme sa force en droit et l'obéissance en devoir. »

JEAN-JACQUES ROUSSEAU (1712-1778)

« Homme, tu possèdes par nature une volonté qui ne connaît ni obstacle ni contrainte. »

ÉPICTÈTE (50-125)

« Il n'y a jamais eu un acte qui fût purement accompli par devoir. »

ÉMILE DURKHEIM (1858-1917)

« Plus un homme a fondé profondément sa vie sur l'éthique, moins il sentira le besoin de parler constamment du devoir. »

SØREN KIERKEGAARD (1813-1855)

III LE BONHEUR

« Ce n'est pas seulement en vue de vivre, mais plutôt en vue d'une vie heureuse qu'on s'assemble en une cité. »

ARISTOTE (384-322 AV. J.-C.)

Le bonheur est le but propre de la vie humaine. C'est pourquoi une société humaine, une cité, recherche la vie heureuse, et non simplement la vie ou la survie matérielle. La division du travail, la production de richesses, la solidarité, les échanges ne suffisent pas à justifier une société humaine. Les hommes ne s'assemblent pas seulement pour les biens matériels, car les communautés animales le font aussi bien, comme les ruches ou les fourmilières.

Le propre de l'animal politique qu'est l'homme est de chercher le bonheur grâce à la société. Les lois, la sécurité et le confort qu'apporte la vie en société ne sont que des moyens pour atteindre le bonheur. La richesse n'est pas une fin en soi, elle ne suffit pas à rendre heureux si ne s'y ajoute pas l'activité du citoyen, la pratique de l'amitié, et la vie contemplative. Assurer la vie matérielle est une condition nécessaire, mais non suffisante, du bonheur.

Comment l'utiliser ? Cette citation répond à la question de l'utilité de l'État et de la société : est-ce l'individu qui sert l'État (totalitarisme) ou l'État qui sert au bonheur de l'individu (libéralisme) ? Elle permet aussi une distinction entre la simple existence matérielle et la vie morale du citoyen.

« Il faut avoir femmes, enfants, biens, et surtout de la santé, si l'on peut ; mais non pas s'y attacher en manière que notre bonheur en dépende. »

MICHEL DE MONTAIGNE (1533-1592)

« Il n'y a qu'une route vers le bonheur, c'est de renoncer aux choses qui ne dépendent pas de notre volonté. »

Épictète (50-125)

« Le problème qui consiste à déterminer d'une façon sûre et générale quelle action peut favoriser le bonheur d'un être raisonnable est un problème tout à fait insoluble. »

Emmanuel Kant (1724-1804)

« Le bonheur est un idéal de l'imagination et non de la raison. »

Emmanuel Kant (1724-1804)

« Le bonheur est la satisfaction de tous nos penchants. »

Emmanuel Kant (1724-1804)

« Le bonheur, c'est de continuer à désirer ce qu'on possède. »

Saint Augustin (354-430)

« Ce n'est ni un seul jour ni un court intervalle de temps qui font la félicité et le bonheur. »

Aristote (384-322 av. J.-C.)

« Il n'y a qu'une erreur innée : celle qui consiste à croire que nous existons pour être heureux. »

Arthur Schopenhauer (1788-1860)

“Sciences économiques et sociales”

RÉMI JEANNIN,
AGRÉGÉ DE SCIENCES ÉCONOMIQUES ET SOCIALES

INTRODUCTION

En sciences économiques et sociales, vous avez croisé les analyses de nombreux économistes, sociologues, politistes, mais également des témoignages d'acteurs qui sont au centre des thèmes abordés : hommes politiques, chefs d'entreprise, syndicalistes, représentants d'associations, etc. Certains ont su synthétiser en quelques mots bien trouvés des raisonnements ou des faits importants, et il serait dommage de s'en priver ! Ces citations sont ici classées par chapitres du programme, ce qui vous permettra de les relier aux sujets possibles au baccalauréat.

Cette citation du grand économiste qu'était Keynes constitue une excellente entrée en matière :

> « Les idées, justes ou fausses, des philosophes de l'économie et de la politique ont plus d'importance qu'on ne le pense en général. À vrai dire, le monde est presque exclusivement mené par elles. Les hommes d'action qui se croient parfaitement affranchis des influences doctrinales sont d'ordinaire les esclaves de quelque économiste passé. »
>
> John Maynard Keynes (1883-1946)

Dans la *Théorie générale* parue en 1936, Keynes élabore une théorie permettant de justifier des politiques de relance pour sortir de la crise des années 1930. Il plaide donc pour que les politiques et les citoyens se tiennent au courant de l'évolution des idées pour éviter d'être « esclaves de quelque économiste passé », référence ici aux économistes « classiques » comme Marshall ou Pigou, dont il conteste l'analyse. Une belle incitation à lire la collection de citations qui suit, dont certaines exercent toujours une influence considérable !

CROISSANCE, FLUCTUATIONS ET CRISE

QUELLES SONT LES SOURCES DE LA CROISSANCE ÉCONOMIQUE ?

« Prenons le cas de Singapour. [...] On dirait un miracle économique. Mais le miracle est moins celui de l'inspiration que celui de la transpiration. »

PAUL KRUGMAN (1953-)

Dans un article paru en 1996, l'économiste américain Paul Krugman (prix Nobel d'économie en 2008) réfute l'idée d'un « miracle asiatique » en reprenant l'analyse des sources de la croissance de ces pays. Celle-ci est essentiellement liée à la « transpiration », c'est-à-dire à une mobilisation importante des travailleurs et du capital (avec des taux d'investissement de 40 à 50 %) « qui aurait fait honneur à Staline », et très marginalement à l'« inspiration », c'est-à-dire à une meilleure utilisation de ces facteurs de production grâce au progrès technique. À utiliser pour interpréter la distinction entre croissance extensive et intensive, ou éventuellement en entrée en matière d'un sujet sur les sources de la croissance.

« Les plus grandes améliorations dans la puissance productrice du travail et la plus grande partie de l'habileté, de l'adresse, de l'intelligence avec laquelle il est dirigé ou appliqué, sont dues, à ce qu'il semble, à la division du travail. »

ADAM SMITH (1723-1790)

Dans cette citation de *La Richesse des nations*, ouvrage paru en 1776, l'économiste écossais Adam Smith souligne le lien entre la division du travail et les gains de productivité (« la puissance productrice du travail »), eux-mêmes à l'origine de la « richesse des nations ». En se spécialisant dans les activités où il excelle, chaque travailleur contribue à élever la productivité du travail dans l'ensemble de l'économie, au-delà de ce qu'elle serait si chacun réalisait des tâches pour lesquelles il n'est pas compétent. À utiliser pour illustrer le lien entre « division du travail » et « croissance ».

« Puisque nous savons peu de chose des causes de l'accroissement de la productivité, l'importance constatée de cet élément peut être prise comme une sorte de mesure de notre ignorance quant aux causes de la croissance économique [...]. »

MOSES ABRAMOVITZ (1912-2000)

« La difficulté de déterminer les causes de la croissance tient avant tout à ce que la croissance se mesure, qu'elle est une quantité, mais les phénomènes qui la déterminent sont essentiellement qualitatifs. »

RAYMOND ARON (1905-1983)

« L'idée que les "pays sous-développés" se trouveraient à un stade de l'évolution économique qui serait en retard par rapport à celui des pays développés est fausse car ils sont dans une situation radicalement différente de celle que ceux-ci pouvaient connaître il y a cinquante, cent, deux cents ou trois cents ans. »

CHARLES BETTELHEIM (1913-2006)

« Il ne faut jamais craindre qu'il y ait trop de sujets, trop de citoyens vu qu'il n'y a pas de richesse, ni de force que d'hommes. »

Jean Bodin (1529-1596)

« Pour Max Weber, le capitalisme, au sens moderne du mot, aurait été ni plus ni moins une création du protestantisme ou, mieux, du puritanisme. Tous les historiens sont opposés à cette thèse subtile, bien qu'ils n'arrivent pas à s'en débarrasser une fois pour toutes : elle ne cesse de resurgir devant eux. Et pourtant elle est manifestement fausse. »

Fernand Braudel (1902-1985)

« La chaîne progrès technique-progrès économique a pour moteur le progrès scientifique et pour conséquence le progrès social. »

Jean Fourastié (1907-1990)

« On appelle progrès technique une capacité d'action de plus en plus efficace que l'homme acquiert par l'effort intellectuel sur les éléments matériels. »

Jean Fourastié (1907-1990)

« Si l'action de la nature dans la production montre une tendance au rendement décroissant, l'action de l'homme et l'organisation industrielle montrent une tendance au rendement croissant. »

Alfred Marshall (1842-1924)

« Accumulez, accumulez ! C'est la loi et les prophètes ! [...] Épargnez, épargnez toujours, c'est-à-dire retransformer sans cesse en capital la plus grande partie possible de la plus-value ou du produit net. »

KARL MARX (1818-1883)

« L'état stationnaire : cet état dans lequel le capital ne peut augmenter que s'il survient quelque perfectionnement dans les arts productifs ou un accroissement dans la puissance du désir d'accumuler. »

JOHN STUART MILL (1806-1873)

« Tout ce qui croît change en croissant. »

FRANÇOIS PERROUX (1903-1987)

« Les profits sont le sang vital du système économique, l'élixir magique sur lequel repose tout progrès. Mais le sang d'une personne peut être le cancer pour une autre. »

PAUL SAMUELSON (1915-2009)

« Le facteur essentiel du développement n'est pas le capital, comme on l'a cru longtemps, mais le savoir des hommes. [...] Le constructeur d'un barrage ne maudit pas les lois de la pesanteur et de l'hydraulique : il leur obéit et, par là, leur commande. »

ALFRED SAUVY (1898-1990)

« Ajoutez autant de diligences que vous voudrez, vous n'obtiendrez jamais un chemin de fer par ce moyen. »

JOSEPH ALOÏS SCHUMPETER (1883-1950)

« La reine Elizabeth possédait des bas de soie. L'achèvement capitaliste n'a pas consisté spécifiquement à procurer aux reines davantage de ces bas, mais à les mettre à la portée des ouvrières d'usine, en échange de quantités de travail constamment décroissantes. »

JOSEPH ALOÏS SCHUMPETER (1883-1950)

« Le but de la société humaine doit être le progrès des hommes, non celui des choses. »

JEAN-CHARLES DE SISMONDI (1773-1842)

« Vous pouvez voir l'ère informatique partout, sauf dans les statistiques de la productivité. »

ROBERT SOLOW (1924-), EN 1987

« Le troisième et dernier devoir du souverain ou de la République est celui d'élever et d'entretenir ces ouvrages ou ces établissements publics dont une grande société retire d'immenses avantages, mais qui sont néanmoins de nature à ne pouvoir être entrepris ou entretenus par un ou plusieurs particuliers, attendu que, pour ceux-ci, le profit ne saurait jamais leur en rembourser la dépense. »

ADAM SMITH (1723-1790)

« Le problème majeur de l'expansion du capitalisme moderne n'est pas celui de l'origine du capital, c'est celui du développement de l'esprit du capitalisme. Partout où il s'épanouit, partout où il est capable d'agir de lui-même, il crée son propre capital et ses réserves monétaires, ses moyens d'actions, mais l'inverse n'est pas vrai. »

MAX WEBER (1864-1920)

III COMMENT EXPLIQUER L'INSTABILITÉ DE LA CROISSANCE ?

« Le capitalisme constitue, de par sa nature, un type ou une méthode de transformation économique, et non seulement il n'est jamais stationnaire, mais il ne pourrait le devenir. [...] Ce processus de destruction créatrice constitue la donnée fondamentale du capitalisme. »

JOSEPH ALOÏS SCHUMPETER (1883-1950)

L'économiste autrichien souligne ici que la caractéristique du capitalisme est d'être en perpétuelle évolution et en perpétuel renouvellement à cause du progrès technique. Celui-ci est en effet à la fois créateur de nouvelles activités et destructeur d'activités anciennes concurrencées par les innovations. À utiliser pour illustrer la « destruction créatrice » à l'origine, selon cet auteur des cycles de la croissance à long terme.

« Si vous frappez un cheval à bascule avec un bâton, le mouvement du cheval sera très différent de celui du bâton. Les coups sont la cause des mouvements mais les lois d'équilibre propres au système déterminent la forme des mouvements. »

KNUT WICKSELL (1851-1926)

Cette métaphore formulée par l'économiste suédois Knut Wicksell en 1918 est reprise par Ragnar Frisch en 1933 pour expliquer les cycles de croissance, distinguant les impulsions de ces cycles (des chocs extérieurs comme certaines décisions politiques) et leur propagation liée à la structure interne de l'économie. L'impulsion extérieure (le « coup de bâton ») déterminerait l'amplitude du cycle dont la longueur serait liée à la propagation dans l'économie. À utiliser pour distinguer « causes exogènes et endogènes » de l'« instabilité de la croissance ».

« C'est la fonction même de la politique macroéconomique : fournir aux habitants du pays une assurance collective d'activité. »

JEAN-PAUL FITOUSSI (1942-)

« Après avoir observé durant un demi-siècle de nombreuses bulles de prix se développer et éclater, je suis arrivé à regret à la conclusion que les bulles ne peuvent être désamorcées sans danger par une politique monétaire ou par d'autres initiatives avant que la fièvre spéculative ne s'éteigne d'elle-même. »

ALAN GREENSPAN (1926-)

« De part et d’autre du sentier d’expansion qui seul, si on s’y trouvait, donnerait satisfaction, des forces centrifuges sont en œuvre qui font s’écarter le système de plus en plus du sentier d’expansion obligatoire. »

Roy F. Harrod (1900-1978)

« On ne peut sans inconvénient abandonner à l’initiative privée le soin de régler le flux courant de l’investissement. »

John Maynard Keynes (1883-1946)

« Il n’est pas facile de ranimer l’efficacité marginale du capital, telle que la détermine l’état d’esprit capricieux et déréglé des milieux d’affaires. C’est le retour de la confiance, pour user du langage courant, qu’il est difficile de provoquer dans une économie fondée sur le capitalisme individuel. »

John Maynard Keynes (1883-1946)

« Il est improbable que l’influence de la politique bancaire sur le taux de l’intérêt suffise à amener le flux d’investissement à sa valeur optimum. »

John Maynard Keynes (1883-1946)

« À long terme, nous serons tous morts. Les économistes ne se fatiguent pas beaucoup et ils ne servent pas à grand-chose si tout ce qu’ils peuvent dire lorsqu’il y a une période orageuse, c’est que la mer sera calme lorsque la tempête sera passée. »

John Maynard Keynes (1883-1946)

« L'inflation est partout et toujours un phénomène monétaire, en ce sens qu'elle est et qu'elle ne peut être générée que par une augmentation de la quantité de monnaie plus rapide que celle de la production. »

MILTON FRIEDMAN (1912-2006)

« Une fois la crise déclarée, nous ne pouvons rien faire pour en sortir avant son terme naturel. »

FRIEDRICH AUGUST VON HAYEK (1899-1992)

« La seule cause de la dépression est la prospérité. »

CLÉMENT JUGLAR (1819-1905)

« Pour que le commerce puisse se bien faire, il faut que l'argent ait un prix, mais que ce prix soit peu considérable. S'il est trop haut, le négociant qui voit qu'il lui en coûterait plus en intérêts qu'il ne pourrait gagner avec son commerce, n'entreprend rien. Si l'argent n'a point de prix, personne n'en prête, et le commerçant n'entreprend rien non plus. »

CHARLES DE MONTESQUIEU (1689-1755)

« On ne peut devenir entrepreneur qu'en devenant auparavant débiteur. S'endetter appartient à l'essence de l'entreprise et n'a rien d'anormal. »

JOSEPH ALOÏS SCHUMPETER (1883-1950)

« Le nouveau ne sort pas de l'ancien, mais apparaît à côté de l'ancien, lui fait concurrence jusqu'à le ruiner. »

JOSEPH ALOÏS SCHUMPETER (1883-1950)

« Les cycles ne sont pas comme des amygdales, que l'on peut traiter séparément, mais ils sont comme des battements du cœur, l'essence de l'organisme qui les abrite. »

Joseph Aloïs Schumpeter (1883-1950)

« Un banquier c'est quelqu'un qui vous prête un parapluie quand il fait beau, et vous le reprend quand il pleut. »

George Bernard Shaw (1856-1950)

MONDIALISATION, FINANCE INTERNATIONALE ET INTÉGRATION EUROPÉENNE

QUELS SONT LES FONDEMENTS DU COMMERCE INTERNATIONAL ET DE L'INTERNATIONALISATION DE LA PRODUCTION

« La maxime de tout chef de famille prudent est de ne jamais essayer de faire chez soi la chose qui lui coûtera moins à acheter qu'à faire. »

ADAM SMITH (1723-1790)

Dans son ouvrage *La Richesse des nations* paru en 1776, l'économiste écossais Adam Smith met en évidence l'importance de la division du travail pour accroître la productivité et le niveau de vie à l'intérieur d'un pays. Il étend ensuite l'argument en préconisant que les nations elles-mêmes se spécialisent et achètent aux autres certaines productions. À utiliser pour illustrer la théorie des « avantages comparatifs » de Ricardo, reprise critique de cet argument et l'une des grandes explications du commerce international.

« Les modifications intervenues depuis vingt ans dans de nombreux secteurs appellent une tout autre représentation : la production ressemble maintenant beaucoup plus à un jeu de Lego qu'à une maquette d'avion. »

SUZANNE BERGER (1939-)

Dans un ouvrage paru en 2005, l'économiste américaine Suzanne Berger décrit les nouveaux modes d'organisation de la production que permettent les TIC (technologies de l'information et de la communication) et l'internationalisation de la production. Ce ne sont plus les produits qui sont standardisés mais leurs composants, qui peuvent être réutilisés dans une multitude de produits (comme les briques du Lego), contrairement aux composants des « maquettes d'avion », et produits dans des lieux différents pour tirer parti des avantages de chaque territoire. À utiliser pour illustrer la « décomposition internationale du processus productif » (DIPP).

« La disparition de certaines activités dans un pays développé en raison des avantages comparatifs d'aujourd'hui ne pourra que se révéler demain fondamentalement erronée et désavantageuse dès lors que ces avantages comparatifs disparaîtront. »

MAURICE ALLAIS (1911-2010)

« Le système douanier protectionniste a constitué la règle pour tous les pays qui se sont développés au cours des XVIIIe et XIXe siècles. »

PAUL BAIROCH (1930-1999)

« L'occident n'a pas besoin du tiers-monde, ce qui est une mauvaise nouvelle pour le tiers-monde. »

PAUL BAIROCH (1930-1999)

« La splendeur, la richesse, le bonheur de vivre se rassemblent au centre de l'économie-monde, en son cœur. C'est là que le soleil de l'histoire fait briller les plus vives couleurs, là que se manifestent les hauts prix, les hauts salaires, la banque, les marchandises « royales », les industries profitables, les agricultures capitalistes ; là que se situent le point de départ et le point d'arrivée des longs trafics, l'afflux des métaux précieux, des monnaies fortes et des titres de crédit. »

FERNAND BRAUDEL (1902-1985)

« Une économie-monde accepte toujours un pôle, un centre [...] ; toute économie-monde se partage en zones successives. Le cœur, c'est-à-dire la région qui s'étend autour du centre [...]. Puis viennent des zones intermédiaires autour du pivot central. Enfin, très larges, des marges, qui, dans la division du travail qui caractérise l'économie-monde, se trouvent subordonnées et dépendantes, plus que participantes. »

FERNAND BRAUDEL (1902-1985)

« La mondialisation fait voir aux peuples un monde qui bouleverse leurs attentes ; le drame est qu'elle se révèle totalement incapable de les satisfaire. »

DANIEL COHEN (1953-)

« Si aujourd'hui la France choisissait de copier [...] les innovations créées par d'autres, tout en restant en dehors du système, elle se retrouverait rapidement mise au ban des nations et perdrait le bénéfice de l'accélération continue des techniques nouvelles. De ce point de vue, on peut dire qu'aujourd'hui la mondialisation est devenue une aventure obligée. »

DANIEL COHEN (1953-)

« L'art du marchand consiste à prendre une chose là où elle abonde et à l'amener là où elle est rare. »

RALPH WALDO EMERSON (1803-1882)

« Sauf domination politique ou violences directes, la dépendance ne peut être la cause du retard économique ; elle en est l'effet. On a la dépendance de son sous-développement et non le sous-développement de sa dépendance. »

ARGHIRI EMMANUEL (1911-2001)

« Libre-échange. – Cause des souffrances du commerce. »

GUSTAVE FLAUBERT (1821-1880)

« "Laissez faire, laissez passer" ou "Laissez faire", telle devrait être la devise de toute puissance publique. »

VINCENT DE GOURNAY (1712-1759)

« Pendant des siècles, l'Angleterre s'est appuyée sur la protection, l'a pratiquée jusqu'à ses plus extrêmes limites, et en a obtenu des résultats satisfaisants. Après deux siècles, elle a jugé commode d'adopter le libre-échange, car elle pense que la protection n'a plus rien à lui offrir. Eh bien, Messieurs, la connaissance que j'ai de notre pays me conduit à penser que, dans moins de deux cents ans, lorsque l'Amérique aura tiré de la protection tout ce qu'elle a à offrir, elle adoptera aussi le libre-échange. »

Ulysses Grant (1822-1885)

« La protection douanière est notre voie, le libre-échange est notre but. »

Friedrich List (1789-1846)

« C'est une règle de prudence vulgaire, lorsqu'on est parvenu au faîte de la grandeur, de rejeter l'échelle avec laquelle on l'a atteint, afin d'ôter aux autres les moyens d'y monter. »

Friedrich List (1789-1846)

« Du point de vue du commerce, le monde entier n'est qu'une seule nation ou un seul peuple, à l'intérieur duquel les nations sont comme des personnes. »

Sir Dudley North (1641-1691)

« Supposons deux ouvriers sachant l'un et l'autre faire des souliers et des chapeaux : l'un d'eux peut exceller dans les deux métiers ; soit en faisant des chapeaux, il ne l'emporte sur son rival que d'un cinquième ou de 20 %, tandis qu'en travaillant à des souliers, il a sur lui un avantage d'un tiers, ou de 33 %. Ne serait-il pas de l'intérêt de tous les deux que l'ouvrier le plus habile se livrât exclusivement à l'état de cordonnier, et le moins adroit à celui de chapelier ? »

David Ricardo (1772-1823)

« Si le protectionnisme concerne les pays en voie de développement pour la protection des industries naissantes, il concerne les pays développés pour le maintien des protections sociales et écologiques dont ils se sont dotés. »

Jacques Sapir (1954-)

« Un marchand n'est nécessairement citoyen d'aucun pays en particulier. Il lui est, en grande partie, indifférent en quel lieu il tienne son commerce, et il ne faut que le plus léger dégoût pour qu'il se décide à emporter son capital d'un pays dans un autre, et avec lui toute l'industrie que ce capital mettait en activité. »

Adam Smith (1723-1790)

« L'économie n'est pas un jeu à somme nulle. Nous pouvons restructurer la mondialisation au bénéfice de tous. »

Joseph Stiglitz (1943-)

III COMMENT S'OPÈRE LE FINANCEMENT DE L'ÉCONOMIE MONDIALE ?

« Le dollar est notre monnaie, mais c'est votre problème. »

JOHN BOWDEN CONNALLY (1917-1993)

En février 1971, le secrétaire au Trésor John Connally adresse cette réplique à une délégation européenne qui s'inquiète d'une possible dévaluation du dollar, compte tenu des déséquilibres extérieurs de l'économie américaine. En effet, le dollar est depuis 1945 l'unique monnaie utilisée dans le règlement des échanges entre pays. Cette sentence préfigure la décision du président Richard Nixon le 15 août 1971 de dévaluer le dollar et de laisser son taux de change varier au jour le jour. À utiliser pour illustrer le passage à un régime de changes flottants.

« L'utilisation internationale du dollar donne aux États-Unis le bénéfice de la création de monnaie sur le plan international, véritable tribut payé aux plus riches par les plus pauvres. »

MAURICE ALLAIS (1911-2010)

« Si les taux de change ne correspondent pas à l'équilibre des balances commerciales, le libre-échange ne peut être que nuisible et fondamentalement désavantageux pour tous les pays participants. »

MAURICE ALLAIS (1911-2010)

« Supposez, si cela vous amuse, que l'étranger nous inonde de toutes sortes de marchandises utiles, sans nous rien demander; que nos importations sont infinies et nos exportations nulles, je vous défie de me prouver que nous en serons plus pauvres. »

FRÉDÉRIC BASTIAT (1801-1850)

« Les exportations ne sont pas un but en soi : il faut exporter parce que ceux qui fournissent nos importations ont le mauvais goût d'exiger d'être payés. »

PAUL KRUGMAN (1954-)

« La concurrence internationale ne met pas les États en faillite. Il existe des forces qui tendent à rétablir l'équilibre et qui assurent normalement que tout pays continue d'être capable de vendre toute une gamme de produits sur les marchés mondiaux et d'équilibrer à long terme sa balance des paiements. »

PAUL KRUGMAN (1954-)

« L'agriculture ne sert plus à nourrir les populations, mais à produire des devises. »

ROBERT LINHART (1943-)

« Tout commerce, soit entre les nations, soit entre les individus, est un échange de marchandises dans lequel les objets que chacun offre constituent ses moyens de payer ce qu'il demande : les marchandises offertes par l'un forment sa demande pour celles qui sont apportées par l'autre, et réciproquement. »

JOHN STUART MILL (1806-1873)

« Il n'y a point de royaume dont le territoire produise toutes les richesses propres à la jouissance de ses habitants. »

François Quesnay (1694-1774)

« L'excédent de la balance des capitaux et le déficit de la balance courante sont les deux faces d'une même médaille. Et le remède qu'un gouvernement va choisir sera fonction de la face de la médaille qu'il considère. »

Philippe Simonnot (1941-)

« Si l'on examine le FMI comme si son objectif était de servir les intérêts de la communauté financière, on trouve un sens à ses actes qui, sans cela, paraîtraient contradictoires et intellectuellement incohérents. »

Joseph Stiglitz (1943-)

« Avec la mondialisation, nous sommes tous interdépendants. On disait autrefois : lorsque les États-Unis éternuent, le Mexique s'enrhume. Aujourd'hui lorsque les États-Unis éternuent, une grande partie du monde attrape la grippe, et les problèmes actuels de l'Amérique sont bien plus graves que de simples reniflements... »

Joseph Stiglitz (1943-)

« Ma proposition est de jeter un peu de sable dans les rouages de nos marchés monétaires internationaux excessivement efficaces. »

James Tobin (1918-2002)

II QUELLE EST LA PLACE DE L'UNION EUROPÉENNE DANS L'ÉCONOMIE GLOBALE ?

« L'Europe ne se fera pas d'un coup, ni dans une construction d'ensemble : elle se fera par des réalisations concrètes créant d'abord une solidarité de fait. »

ROBERT SCHUMAN (1886-1963),

Lors de la signature du traité de la CECA (Communauté européenne du charbon et de l'acier) le 9 mai 1950, Robert Schuman (ministre des Affaires étrangères) établit par anticipation les principes qui guideront la construction européenne. C'est par des « réalisations concrètes » qui créent des liens entre les États européens que la pacification de leurs relations et un projet d'Europe politique verra le jour. Cette « solidarité de fait » passe par le développement des échanges économiques et culturels, des projets communs (Airbus), des politiques communes (la CECA, puis la PAC [politique agricole commune]) et enfin une monnaie unique (l'euro). À utiliser pour expliquer le processus d'intégration économique au sein de l'Union européenne.

« La raison d'être de notre modèle social devrait être d'optimiser notre aptitude à soutenir la concurrence, et d'aider nos concitoyens à se faire à la mondialisation, à en saisir les chances et à en éviter les dangers. »

TONY BLAIR (1953-)

« La Grande-Bretagne elle-même est une île flottante qui, selon les inflexions de sa politique, se rapproche ou s'éloigne de l'Europe. »

ALFRED FABRE-LUCE (1899-1983)

« Que l'orientation des politiques économiques de l'Union soit, pour l'essentiel, indépendante de tout processus démocratique est à la fois contraire aux traditions politiques des peuples européens, et dangereux pour l'efficacité économique de l'ensemble. »

JEAN-PAUL FITOUSSI (1942-)

« De fait, le gouvernement de l'Europe ressemble plus souvent à un gouvernement par des règles qu'à un gouvernement par des choix. »

JEAN-PAUL FITOUSSI (1942-)

« Une monnaie continentale [...], ayant pour point d'appui le capital Europe tout entier et pour moteur l'activité libre de 200 millions d'hommes. Cette monnaie unique remplacerait et résorberait toutes les absurdes variétés monétaires d'aujourd'hui, effigies de princes, figures des misères, variétés qui sont autant de causes d'appauvrissement. »

VICTOR HUGO (1802-1885)

« Je parle de l'esprit du commerce qui s'empare tôt ou tard de chaque nation et qui est incompatible avec la guerre. »

EMMANUEL KANT (1724-1804)

« Dans une Europe divisée en petites nations, les énergies européennes n'ont pas les débouchés qui leur étaient nécessaires. »

JEAN MONNET (1888-1979)

« La création d'un grand marché intérieur est indispensable pour redonner aux Européens la possibilité de retrouver leur place et de jouer leur rôle dans le progrès du monde libre. »

JEAN MONNET (1888-1979)

« Les hommes n'acceptent le changement que dans la nécessité et ils ne voient la nécessité que dans la crise. »

JEAN MONNET (1888-1979)

« L'effet naturel du commerce est de porter à la paix. Deux nations qui négocient ensemble se rendent réciproquement dépendantes ; si l'une a intérêt d'acheter, l'autre a intérêt de vendre ; et toutes les unions sont fondées sur des besoins mutuels. »

CHARLES DE MONTESQUIEU (1689-1755)

« Le commerce guérit des préjugés destructeurs ; et c'est presque une règle générale, que partout où il y a des mœurs douces, il y a du commerce ; et que partout où il y a du commerce, il y a des mœurs douces. »

CHARLES DE MONTESQUIEU (1689-1755)

« L'Europe se fera par la monnaie ou ne se fera pas. »

JACQUES RUEFF (1896-1978)

« L'Europe deviendra-t-elle ce qu'elle est en réalité, c'est-à-dire : un petit cap du continent asiatique ? »

PAUL VALÉRY (1871-1945)

ÉCONOMIE DU DÉVELOPPEMENT DURABLE

LA CROISSANCE ÉCONOMIQUE EST-ELLE COMPATIBLE AVEC LA PRÉSERVATION DE L'ENVIRONNEMENT ?

« Celui qui croit qu'une croissance exponentielle peut continuer indéfiniment dans un monde fini est un fou, ou un économiste. »

KENNETH BOULDING (1910-1993)

Chercheur pluridisciplinaire en rupture de ban avec les économistes les plus orthodoxes, Kenneth Boulding s'oppose ici à l'idée que grâce au progrès technique, il serait possible de produire de manière infinie avec des quantités de ressources naturelles limitées. Il rejoint ainsi la lignée de penseurs rappelant les contraintes de la rareté à la suite de Thomas Malthus (1798), en reliant les limites de la croissance aux problèmes environnementaux qu'elle occasionne. À utiliser en entrée en matière d'un sujet sur les limites de la croissance.

« La conquête du superflu donne une excitation spirituelle plus grande que la conquête du nécessaire. L'homme est une création du désir, et pas une création du besoin. »

GASTON BACHELARD (1884-1962)

« Les forêts précèdent les peuples, les déserts les suivent. »

François-René de Chateaubriand (1768-1848)

« Pour faire 10 000 km, on consacre 1 500 heures à sa voiture (gain de l'argent nécessaire à l'achat et à l'entretien, conduite, embouteillages, hôpital). Cela revient à faire 6 kilomètres à l'heure, la vitesse d'un piéton. »

René Dumont (1904-2001)

« Le développement durable est en soi une contradiction, car on ne peut pas développer sans consommer davantage de biens et d'énergie. »

René Dumont (1904-2001)

« Une croissance indéfinie est impossible, nous n'avons qu'une seule Terre, mais une civilisation du bonheur est possible. »

René Dumont (1904-2001)

« Nous savons aujourd'hui que l'humanisme orgueilleux qui donne au monde moderne son dynamisme inouï met en péril la continuation même de l'aventure humaine. »

Jean-Pierre Dupuy (1941-)

« Le monde contient bien assez pour les besoins de chacun, mais pas assez pour la cupidité de tous. »

Mohandas K. Gandhi (1869-1948)

« Il se peut que le développement économique fondé sur l'abondance industrielle soit un bienfait pour nous et pour ceux qui pourront en bénéficier dans un proche avenir. Il n'en est pas moins opposé à l'intérêt de l'espèce humaine dans son ensemble. »

NICHOLAS GEORGESCU-ROEGEN (1906-1994)

« L'essor industriel entraîne une consommation croissante de charbon, que ni les économies possibles ni les substituts envisageables ne pourront réduire. »

WILLIAM STANLEY JEVONS (1835-1882)

« Le monde a commencé sans l'homme et il s'achèvera sans lui. »

CLAUDE LÉVI-STRAUSS (1908-2009)

« Le pétrole me paraît très nettement être l'odeur la plus parfaite du désespoir humain, si le désespoir humain a une odeur. »

PIERRE MAC ORLAN (1882-1970)

« Il me semble n'y avoir aucune bonne raison de croire que nous soyons le moins du monde proche d'un état stationnaire où il n'y aurait aucun besoin nouveau important à satisfaire. Toute l'histoire de l'homme montre que ses besoins s'étendent à mesure que se développent ses richesses et ses connaissances. »

ALFRED MARSHALL (1842-1924)

« Notre société est comme une immense machine dont le tableau de bord est trop pauvre en indicateurs et dont l'épiderme bétonné est insensible aux réactions individuelles. Une machine si occupée à construire, à produire, qu'elle est aveugle à ce qu'elle détruit et myope à l'égard du monde qu'elle risque de faire. »

RAPPORT MEADOWS, 1970

« Certes, le capitalisme est le système qui a su produire, de façon extraordinaire et remarquable, le plus de biens et de richesses. Mais il faut aussi regarder la somme des pertes – pour l'environnement, pour les sociétés – qu'il a engendrées. »

IMMANUEL WALLERSTEIN (1930-)

III QUELS INSTRUMENTS ÉCONOMIQUES POUR LA POLITIQUE CLIMATIQUE ?

« En étant dispensées de payer les dégâts qu'elles infligent à l'environnement, les entreprises américaines reçoivent en fait une subvention. »

JOSEPH STIGLITZ (1943-)

Pour l'analyse économique, les dégâts environnementaux sont des « externalités négatives », c'est-à-dire des effets néfastes sur d'autres acteurs qui n'ont pas de coût pour celui qui les produit, en l'absence d'une régulation qui rendrait ces externalités coûteuses (taxe, marché de quotas d'émission). Pour Joseph Stiglitz (prix Nobel d'économie en 2001), l'absence de dispositifs « pollueur-payeur » aux États-Unis revient de fait à accorder une subvention aux entreprises de ce pays. À utiliser pour illustrer le principe « pollueur-payeur ».

« L'avenir est inévitable, mais il peut ne pas avoir lieu. Dieu veille aux intervalles. »

JORGE LUIS BORGES (1899-1986)

« Chacun a le droit de vivre dans un environnement équilibré et respectueux de la santé. »

CHARTE DE L'ENVIRONNEMENT
(INSCRITE DANS LA CONSTITUTION EN 2005), ART. 1.

« La maison brûle et nous regardons ailleurs. »

JACQUES CHIRAC (1932-),
DISCOURS AU SOMMET DE LA TERRE À JOHANNESBURG EN 2002.

« En cas de risque de dommages graves ou irréversibles, l'absence de certitude scientifique absolue ne doit pas servir de prétexte pour remettre à plus tard l'adoption de mesures effectives visant à prévenir la dégradation de l'environnement. »

DÉCLARATION DE RIO, SOMMET DE LA TERRE, 1992

« Lorsque le principe de précaution énonce que l'incertitude scientifique ne doit pas retarder la mise en œuvre d'une politique de prévention, il se trompe complètement sur la nature de l'obstacle. Ce n'est pas l'incertitude, scientifique ou non, qui est l'obstacle, c'est l'impossibilité de croire que le pire va arriver. »

JEAN-PIERRE DUPUY (1941-)

« Même lorsque nous savons de source certaine, nous n'arrivons pas à croire ce que nous savons. »

JEAN-PIERRE DUPUY (1941-)

« La "qualité" du climat de la Terre s'impose à tous : c'est donc, à supposer qu'on sache la définir, un bien collectif pur. »

ROGER GUESNERIE (1943-)

« L'écologie est aussi et surtout un problème culturel. Le respect de l'environnement passe par un grand nombre de changements comportementaux. »

NICOLAS HULOT (1955-)

« La prophétie de malheur est faite pour éviter qu'elle ne se réalise; et se gausser ultérieurement d'éventuels sonneurs d'alarme en leur rappelant que le pire ne s'est pas réalisé serait le comble de l'injustice : il se peut que leur impair soit leur mérite. »

HANS JONAS (1903-1993)

« Est-il préférable de tenter de vivre en deçà de la limite en acceptant un frein à la croissance ou bien doit-on poursuivre cette croissance jusqu'à ce qu'une nouvelle limite soit en vue avec l'espoir qu'un nouveau bond technologique permette alors de sauter ce nouvel obstacle ? »

Rapport Meadows, 1970

« La sagesse ne consiste pas à prendre indifférement toutes sortes de précautions, mais à choisir celles qui sont utiles et à négliger les superflues. »

Jean-Jacques Rousseau (1712-1778)

« Le développement durable doit être une politique de production, qui ne soit pas simplement un frein à la croissance quantitative mais qui doit renouveler le contenu de la croissance, qui doit mettre la qualité, la modération et le bien-être au cœur de cette nouvelle croissance et qui va tirer la croissance, qui va même stimuler la croissance. »

Nicolas Sarkozy (1955-)

« Les pays sous-peuplés d'Afrique sont largement sous-pollués. La qualité de l'air y est d'un niveau inutilement élevé par rapport à Los Angeles. Il faut encourager une migration plus importante des industries polluantes vers les pays les moins avancés [...]. »

Lawrence Summers (1954-)

CLASSES, STRATIFICATION ET MOBILITÉS SOCIALES

COMMENT ANALYSER LA STRUCTURE SOCIALE ?

« Les conditions économiques avaient d'abord transformé la masse du pays en travailleurs. La domination du capital a donné à cette masse une situation commune, des intérêts communs. Ainsi, cette classe est déjà une classe vis-à-vis du capital, mais pas encore pour elle-même. »

KARL MARX (1818-1883)

Dans cet extrait de *Misère de la philosophie*, ouvrage paru en 1847 en réponse à la *Philosophie de la misère* de Proudhon, Marx énonce en termes particulièrement clairs une définition des classes sociales qui demeure une référence importante à côté de celles d'auteurs comme Max Weber. Les individus appartenant à une classe sociale forment une classe en soi dans la mesure où leur situation commune leur crée des intérêts communs, mais également une classe pour soi dans la mesure où ils prennent conscience de ces intérêts communs. À utiliser pour définir la notion de classe sociale et questionner sa pertinence aujourd'hui.

« La classe moyenne est en train de se détruire elle-même en tant que classe, entraînant une transformation de toute la structure sociale qui enlève du même mouvement à la classe ouvrière et à la classe dirigeante leur caractère de classe au sens fort, marxiste du terme. S'il n'y a plus lutte entre elles, comment se définiraient-elles l'une par l'autre ? Et en pure logique, si tout le monde est moyen, plus personne ne l'est. »

Henri Mendras (1927-2003)

Le sociologue français Henri Mendras met en évidence un processus de moyennisation de la société française au cours de la seconde moitié du XXe siècle, observable notamment dans l'évolution des inégalités. Une grande classe moyenne se développe entre la classe ouvrière et la classe dirigeante et devient majoritaire, au point de marginaliser les deux autres. Dans le même temps, le sentiment d'appartenir à la « moyenne » progresse, ce qui le conduit à s'interroger sur la pertinence de la notion de « classe sociale ». À utiliser pour illustrer le processus de moyennisation et le déclin des classes sociales.

« Les hommes naissent et demeurent libres et égaux en droits. Les distinctions sociales ne peuvent être fondées que sur l'utilité commune. »

Déclaration des droits de l'homme et du citoyen de 1789

« Il ne suffit pas d'avoir un million pour être en mesure de vivre la vie du millionnaire. »

Pierre Bourdieu (1930-2002)

« Sur la base de la connaissance de l'espace des positions, on peut découper des classes au sens logique du mot, c'est-à-dire des ensembles d'agents occupant des positions semblables [...]. Cette classe sur le papier a l'existence théorique qui est celle des théories. [...] Ce n'est pas réellement une classe, une classe actuelle, au sens de groupe mobilisé pour la lutte. »

Pierre Bourdieu (1930-2002)

« La société est composée de deux grandes classes : ceux qui ont plus de dîners que d'appétit, et ceux qui ont plus d'appétit que de dîners. »

Sébastien Roch Nicolas, dit Chamfort (1741-1794)

« Sans la propriété individuelle, nul n'est affranchi ; quiconque n'a pas de propriété ne peut être indépendant ; il devient prolétaire ou salarié. »

François-René de Chateaubriand (1768-1848)

« Les CSP ont une qualité intéressante : elles permettent de parler de classes sociales sans jamais en prononcer le mot. »

Louis Chauvel (1967-)

« Aucun être humain ne sera gardé en esclavage ou en servitude forcée et le marché des esclaves sera prohibé sous toutes ses formes. »

Déclaration universelle
des droits de l'homme de 1948

« En donnant la liberté aux esclaves, nous assurons celle des hommes libres. Ce que nous offrons est aussi honorable pour nous que ce que nous préservons. »

Abraham Lincoln (1809-1865)

« L'exploitation de l'homme par l'homme, voilà l'état des relations humaines dans le passé [...]. Les hommes sont donc partagés alors en deux classes, les exploitants et les exploités. »

Karl Marx (1818-1883)

« Les groupes sont des galaxies qui grossissent ou réduisent, qui deviennent brillantes, s'illuminent et illuminent leurs voisines, ou au contraire s'affaiblissent et même peuvent s'éteindre. Et ces galaxies s'organisent en deux constellations principales : populaire et centrale ; et quelques constellations de moindre importance : les indépendants, les techniciens, l'élite dirigeante, les pauvres, etc. »

Henri Mendras (1927-2003)

« Le sucre serait trop cher, si l'on ne faisait travailler la plante qui le produit par des esclaves. »

Charles de Montesquieu (1689-1755)

« Qu'est-ce qu'un bourgeois ? Je proposerai cette définition : c'est quelqu'un qui a des réserves. »

André Siegfried (1875-1959)

« Nous entendons par « classe » tout groupe d'individus qui se trouvent dans la même situation de classe. »

Max Weber (1864-1920)

III COMMENT RENDRE COMPTE DE LA MOBILITÉ SOCIALE

« L'école transforme ceux qui héritent en ceux qui méritent. »

PIERRE BOURDIEU (1930-2002)
ET JEAN-CLAUDE PASSERON (1930-)

Dans *La Reproduction*, coécrit avec Jean-Claude Passeron et paru en 1970, Pierre Bourdieu analyse comment la démocratisation scolaire a pu s'accompagner d'un maintien des inégalités d'accès aux diplômes et aux positions sociales. En traitant de manière égale des élèves placés dans des contextes plus ou moins favorables, l'école met en place une compétition pour les titres scolaires qui non seulement favorise les « héritiers » d'un capital culturel, mais en plus légitime les inégalités désormais associées au « mérite ». À utiliser pour expliquer l'inégalité des chances à l'école.

« L'ascenseur social n'est pas en panne : il n'a jamais fonctionné. »

CHRISTIAN BAUDELOT (1938-)

« Schématiquement, on peut dire que, à tous les niveaux du système d'enseignement secondaire et supérieur, les mêmes processus structurels d'élimination et de relégation ont joué. Seulement le filtre scolaire a opéré de manière décalée, à un stade supérieur de la scolarité : au lycée puis au niveau des études supérieures. Ce faisant, l'élimination scolaire des catégories défavorisées a été moins visible et moins brutale – on dira plus “douce”. »

STÉPHANE BEAUD (1958-)

« Quant à la question de savoir si la mobilité des sociétés industrielles est, dans l'absolu, importante ou négligeable, elle revient à se demander, comme l'ivrogne, si la bouteille est à moitié pleine ou à moitié vide. »

RAYMOND BOUDON (1934-)

« L'augmentation générale dans les taux de scolarisation a pour effet [...] une dévalorisation, en termes d'espérance de statut, des niveaux scolaires bas et moyens. »

RAYMOND BOUDON (1934-)

« De même qu'elle dénaturalise, la sociologie défatalise. »

PIERRE BOURDIEU (1930-2002)

« La cécité aux inégalités sociales condamne et autorise à expliquer toutes les inégalités, particulièrement en matière de réussite scolaire, comme inégalités naturelles, inégalités de dons. »

PIERRE BOURDIEU (1930-2002)
ET JEAN-CLAUDE PASSERON (1930-)

« La reproduction des inégalités sociales par l'école vient de la mise en œuvre d'un égalitarisme formel, à savoir que l'école traite comme "égaux en droits" des individus "inégaux en fait" c'est-à-dire inégalement préparés par leur culture familiale à assimiler un message pédagogique. »

PIERRE BOURDIEU (1930-2002)
ET JEAN-CLAUDE PASSERON (1930-)

« Cher ami, tu te souviendras certainement que, polytechnicien et père de quatre polytechniciens, tu m'as donné, avec la citoyenneté d'honneur de polytechnique, l'autorisation de te tutoyer. Tu ne l'as sûrement pas oublié, car un polytechnicien n'oublie jamais rien, surtout s'il est par ailleurs le fils et l'époux d'agrégés de mathématiques. »

FRANÇOIS DALLE (1918-2005)

« C'est de moins en moins le fait d'être bachelier qui fait la différence, mais bien plus la nature précise du baccalauréat obtenu. »

MARIE DURU-BELLAT (1950-)

« Il devient chaque jour plus incertain qu'en persévérant dans la voie de l'inflation scolaire nous prenions le chemin du progrès et de la justice sociale. »

MARIE DURU-BELLAT (1950-)

« Les clivages entre classes sociales tendent à se renforcer dans les sociétés à mobilité sociale ascendante. »

ALBERT HIRSCHMAN (1915-)

« L'ascension sociale des quelques membres les plus doués de la classe inférieure contribue à renforcer le pouvoir de la classe dominante beaucoup plus sûrement que ne pourrait le faire une séparation stricte des deux groupes. »

Albert Hirschman (1915-)

« Les hommes naissent égaux. Dès le lendemain, ils ne le sont plus. »

Jules Renard (1864-1910)

INTÉGRATION, CONFLIT, CHANGEMENT SOCIAL

III QUELS LIENS SOCIAUX DANS LES SOCIÉTÉS OÙ S'AFFIRME LE PRIMAT DE L'INDIVIDU ?

« Plus on recule dans l'histoire, plus l'homogénéité est grande ; d'autre part, plus on se rapproche des types sociaux les plus élevés, plus la division du travail se développe. »

ÉMILE DURKHEIM (1858-1917)

Le sociologue français Émile Durkheim exprime dans cet extrait de *De la division du travail social* (1893) sa représentation de l'évolution des liens sociaux. Au fur et à mesure que les sociétés s'étendent et se complexifient, la division du travail social s'accroît, et les liens qui reposent sur l'interdépendance d'individus différents l'emportent sur ceux qui découlaient des similitudes entre eux. À utiliser pour illustrer les notions de solidarité mécanique et organique.

« L'enfer est tout entier dans ce mot : solitude. »

VICTOR HUGO (1802-1885)

En quelques mots, le grand écrivain français va à l'essentiel pour décrire ce que les sociologies appellent aujourd'hui l'« exclusion », et qui résulte en premier lieu d'une forme de « solitude » liée à l'absence ou à la faiblesse des relations sociales. À utiliser pour illustrer la notion d'« exclusion ».

« Le mariage peut être considéré politiquement, civilement et moralement, comme une loi, comme un contrat, comme une institution : loi, c'est la reproduction de l'espèce ; contrat, c'est la transmission des propriétés ; institution, c'est une garantie dont les obligations intéressent tous les hommes ; ils ont un père et une mère, ils auront des enfants. Le mariage doit donc être l'objet du respect général. »

HONORÉ DE BALZAC (1799-1850)

« L'organisation de l'assurance solidaire de tous les citoyens contre l'ensemble des risques de la vie commune – maladies, accidents, chômages involontaires, vieillesse – apparaît au début du XXe siècle comme la condition nécessaire du développement pacifique de toute société, comme l'objet nécessaire du devoir social. »

LÉON BOURGEOIS (1851-1925)

« Il faut rappeler avec fermeté que la protection sociale n'est pas seulement l'octroi de secours en faveur des plus démunis pour leur éviter une déchéance totale. Au sens le plus fort du mot, elle est pour tous la condition de base pour qu'ils puissent continuer d'appartenir à une "société de semblables". »

ROBERT CASTEL (1933-)

« Dans toute société, le pauvre doit manifester beaucoup d'humilité et exhiber des preuves convaincantes de sa condition malheureuse pour ne pas être soupçonné d'être un “mauvais pauvre”. »

ROBERT CASTEL (1933-)

« Les “exclus” sont des collections (et non des collectifs) d'individus qui n'ont rien d'autre en commun que de partager un même manque. »

ROBERT CASTEL (1933-)

« On n'habite pas un pays, on habite une langue. Une patrie, c'est cela et rien d'autre. »

EMIL CIORAN (1911-1995)

« À mesure que la société s'étend et se concentre, elle enveloppe de moins près l'individu et, par conséquent, peut moins bien contenir les tendances divergentes qui se font jour. »

ÉMILE DURKHEIM (1858-1917)

« Quoique la société ne soit rien sans les individus, chacun d'eux est beaucoup plus un produit de la société qu'il n'en est l'auteur. »

ÉMILE DURKHEIM (1858-1917)

« Familles, je vous hais ! Foyers clos ; portes refermées ; possessions jalouses du bonheur. »

ANDRÉ GIDE (1869-1951)

« La rue est le cordon ombilical qui relie l'individu à la société. »

VICTOR HUGO (1802-1885)

« Pauvreté n'est pas vice. Parbleu ! Un vice est agréable. »

Paul Léautaud (1872-1955)

« Il y a deux manières d'être un homme parmi les hommes. La première consiste à cultiver sa différence, la seconde à approfondir sa communion. »

André Malraux (1901-1976)

« Dans ma production, je réaliserai mon individualité, ma particularité ; j'éprouverai, en travaillant, la jouissance d'une manifestation individuelle de ma vie [...]. J'aurai la joie spirituelle de satisfaire par mon travail un besoin humain de réaliser la nature humaine. »

Karl Marx (1818-1883)

« J'avais vingt ans. Je ne laisserai personne dire que c'est le plus bel âge de la vie. »

Paul Nizan (1905-1940)

« Une patrie se compose des morts qui l'ont fondée aussi bien que des vivants qui la continuent. »

Ernest Renan (1823-1892)

« Une nation est une âme, un principe spirituel. Deux choses qui, à vrai dire, n'en font qu'une, constituent cette âme, ce principe spirituel. L'une est dans le passé, l'autre dans le présent. L'une est la possession en commun d'un riche legs de souvenirs ; l'autre est le consentement actuel, le désir de vivre ensemble, la volonté de continuer à faire valoir l'héritage qu'on a reçu indivis. »

Ernest Renan (1823-1892)

« L'effrayant, c'est la faiblesse des grandes institutions d'intégration – la famille, l'école, les églises, les syndicats –, c'est-à-dire tout ce qui est institutionnalisation de la société civile. Elles sont de moins en moins des puissances civilisatrices. »

Paul Ricœur (1913-2005)

« Le problème du XIXe siècle, c'était l'exploitation. Celui de la fin de ce siècle, c'est l'exclusion. À la limite, les travailleurs sont en trop. »

Paul Ricœur (1913-2005)

« Le travail éloigne de nous trois grands maux : l'ennui, le vice et le besoin. »

François Marie Arouet, dit Voltaire (1694-1778)

III LA CONFLICTUALITÉ : PATHOLOGIE, FACTEUR DE COHÉSION OU MOTEUR DU CHANGEMENT SOCIAL ?

« L'histoire de toute société jusqu'à nos jours n'a été que l'histoire de luttes de classes. »

Karl Marx (1818-1883)

Dans cet extrait du *Manifeste du parti communiste* paru en 1848 (et coécrit avec F. Engels), Karl Marx énonce que, selon lui, toutes les sociétés humaines comportent un conflit fondamental entre deux groupes, l'un dominant l'autre. Ces groupes sociaux sont des classes sociales aux contours variables, mais caractérisées à chaque fois par une conscience de classe et une opposition fondamentale avec une autre classe. Cette thèse est aujourd'hui contestée par une partie des sociologues. À utiliser en entrée en matière d'un sujet sur les classes sociales ou les conflits du travail, pour questionner la pertinence de cette thèse aujourd'hui.

« Le mouvement ouvrier, en tant que mouvement organisé de classe contestant de façon explicite et permanente la domination capitaliste, a disparu. »

CORNÉLIUS CASTORIADIS (1922-1997)

Le philosophe et économiste français d'origine grecque Cornélius Castoriadis énonce ici une thèse défendue depuis le début des années 1970 par des sociologues comme Alain Touraine : la disparition du mouvement ouvrier, dont l'opposition aux intérêts de la classe des capitalistes, était la caractéristique de la société industrielle. À utiliser en entrée en matière d'un sujet sur les conflits ou pour illustrer le déclin du mouvement ouvrier.

« Le cœur est humain dans la mesure où il se révolte. »

GEORGES BATAILLE (1897-1962)

« Je me révolte, donc nous sommes. »

ALBERT CAMUS (1913-1960)

« Si les rapports entre les hommes sont si difficiles, c'est parce qu'ils ont été créés pour se casser la gueule et non pour avoir des “rapports”. »

EMIL CIORAN (1911-1995)

« Plus le trouble est grand, plus il faut gouverner. Sortant d'un immense tumulte, ce qui s'impose, d'abord, c'est de remettre le pays au travail. Mais la première condition est que les travailleurs puissent vivre. »

CHARLES DE GAULLE (1890-1970)

« Là où il n'y a le choix qu'entre lâcheté et violence, je conseillerai la violence. »

MOHANDAS K. GANDHI (1869-1948)

« Le monde ne sera sauvé, s'il peut l'être, que par des insoumis. Sans cela c'en est fait de notre civilisation, de notre culture, de ce que nous aimions et qui donnait à notre présence sur terre une justification secrète. Ils sont ces insoumis “le sel de la terre” et les responsables de Dieu. »

ANDRÉ GIDE (1869-1951)

« J'aime mieux une injustice qu'un désordre. »

WOLFGANG GŒTHE (1749-1832)

« La possibilité de faire défection risque donc parfois d'empêcher l'art de la prise de parole d'atteindre son plein développement. »

ALBERT HIRSCHMAN (1915-)

« Ce n'est pas par l'effondrement de la bourgeoisie capitaliste, c'est par la croissance du prolétariat que l'ordre communiste s'installera graduellement dans notre société. »

JEAN JAURÈS (1859-1914)

« Quand le peuple est en mouvement, on ne comprend pas où le calme peut y rentrer; et quand il est paisible, on ne voit pas par où le calme peut en sortir. »

JEAN DE LA BRUYÈRE (1645-1696)

« Avant la Révolution, la nation était partagée en trois classes, savoir : les nobles, les bourgeois et les industriels. Les nobles gouvernaient, les bourgeois et les industriels les payaient. Aujourd'hui la nation n'est plus partagée qu'en deux classes : les bourgeois et les industriels. »

KARL MARX (1818-1883)

« Désormais, quand il y a une grève, personne ne s'en aperçoit. »

NICOLAS SARKOZY (1955-)

« Le désordre est le meilleur serviteur de l'ordre établi. »

JEAN-PAUL SARTRE (1905-1980)

« Ainsi que pour les individus, nul ne fait du mal à autrui sans s'en faire à soi-même; ainsi pour les sociétés, celle qui en opprime, qui en dégrade une autre, se condamne elle-même à la souffrance. Les victimes d'hier sont les bourreaux de demain. »

VICTOR SCHŒLCHER (1804-1893)

« Le gouvernement civil, en tant qu'il a pour objet la sûreté des propriétés, est, dans la réalité, institué pour défendre les riches contre les pauvres. »

ADAM SMITH (1723-1790)

« Les mécontents, ce sont des pauvres qui réfléchissent. »

CHARLES-MAURICE DE TALLEYRAND-PÉRIGORD,
DIT TALLEYRAND (1754-1838)

« S'il est important de bien conduire un mouvement revendicatif, il faut aussi savoir le terminer. »

MAURICE THOREZ (1900-1964)

« La révolution exige de la classe révolutionnaire qu'elle mette tous les moyens en œuvre pour atteindre ses fins : par l'insurrection armée, s'il le faut ; par le terrorisme, si c'est nécessaire. »

LÉON TROTSKI (1879-1940)

JUSTICE SOCIALE ET INÉGALITÉS

III COMMENT ANALYSER ET EXPLIQUER LES INÉGALITÉS

« Pour la première fois en période de paix, la situation globale de la jeune génération est moins favorable que celle de ses parents, et cette situation pourrait perdurer, sauf à espérer le retour d'une phase de croissance rapide comparable à celle des Trente Glorieuses, mais on ne voit pas d'où elle pourrait venir. »

LOUIS CHAUVEL (1967-)

Dans *Les Classes moyennes à la dérive* paru en 2006 et dans la lignée de travaux antérieurs, le sociologue Louis Chauvel montre que les générations arrivées sur le marché du travail à partir du milieu des années 1970 voient leur situation se dégrader par rapport à celle de leurs aînés au même âge, brisant le rêve de mobilité sociale qui caractérisait les classes moyennes. À utiliser pour analyser la montée des inégalités sous le prisme des inégalités intergénérationnelles.

« Aucune famille ne peut accrocher cet écriteau à la porte de sa maison : "Ici, nous n'avons aucun problème". »

PROVERBE CHINOIS

« C'est par le travail que la femme a en grande partie franchi la distance qui la séparait du mâle ; c'est par le travail qui peut seul lui garantir une liberté concrète. »

Simone de Beauvoir (1908-1986)

« La société a toujours été mâle ; le pouvoir politique a toujours été aux mains des hommes... Le triomphe du patriarcat ne fut ni un hasard ni le résultat d'une révolution violente. Dès l'origine de l'humanité, leur privilège biologique a permis aux mâles de s'affirmer seuls comme sujets souverains. »

Simone de Beauvoir (1908-1986)

« La cécité aux inégalités sociales condamne et autorise à expliquer toutes les inégalités, particulièrement en matière de réussite scolaire, comme inégalités naturelles, inégalités de dons. »

Pierre Bourdieu (1930-2002)
et Jean-Claude Passeron (1930-)

« Le capitalisme n'invente pas les hiérarchies, il les utilise, de même qu'il n'a pas inventé le marché ou la consommation. Il est, dans la longue perspective de l'histoire, le visiteur du soir. Il arrive quand tout est déjà en place. Autrement dit, le problème en soi de la hiérarchie le dépasse, le transcende, le commande à l'avance. »

FERNAND BRAUDEL (1902-1985)

« L'égalité [...] c'est la loi même du progrès humain ! C'est plus qu'une théorie : c'est un fait social, c'est l'essence même et la légitimité de la société à laquelle nous appartenons. »

JULES FERRY (1832-1893)

« La revendication d'égalité est devenue institutionnelle. »

JEAN FOURASTIÉ (1907-1990)

« Non, la place de la femme n'est pas plus au foyer qu'ailleurs. Comme celle de l'homme, elle est partout, partout où son activité peut et veut se déployer. Pourquoi, de quel droit l'enfermer, la parquer dans son sexe, transformé, qu'on le veuille ou non, en profession, pour ne pas dire en métier ? »

JULES GUESDE (1845-1922)

« Quand on comprend que les hommes s'entretuent pour établir leur dominance ou la conserver, on est tenté de conclure que la maladie la plus dangereuse pour l'espèce humaine, ce n'est ni le cancer, ni les maladies cardio-vasculaires, comme on tente de nous le faire croire, mais plutôt le sens des hiérarchies, de toutes les hiérarchies. »

Henri Laborit (1914-1995)

« Aucune société n'est parfaite. Toutes comportent par nature une impureté incompatible avec les normes qu'elles proclament et qui se traduit concrètement par une certaine dose d'injustice, d'insensibilité, de cruauté. »

Claude Lévi-Strauss (1908-2009)

« L'amour de la démocratie est celui de l'égalité. »

Charles de Montesquieu (1689-1755)

« Ce n'est pas parce qu'il y a effectivement des différences entre les hommes qu'il faut conclure à la suprématie des uns et à l'infériorité des autres. Il ne faut pas confondre différence et inégalité. »

Jean Rostand (1894-1977)

« Quand l'inégalité est la loi commune d'une société, les plus fortes inégalités ne frappent point l'œil ; quand tout est à peu près de niveau, les moindres le blessent. C'est pour cela que le désir de l'égalité devient toujours plus insatiable à mesure que l'égalité est plus grande. »

Alexis de Tocqueville (1805-1859)

« Il y a en effet une passion mâle et légitime pour l'égalité qui excite les hommes à vouloir être tous forts et estimés. Cette passion tend à élever les petits au rang des grands ; mais il se rencontre aussi dans le cœur humain un goût dépravé pour l'égalité, qui porte les faibles à vouloir attirer les forts à leur niveau, et qui réduit les hommes à préférer l'égalité dans la servitude à l'inégalité dans la liberté. »

Alexis de Tocqueville (1805-1859)

III COMMENT LES POUVOIRS PUBLICS PEUVENT-ILS CONTRIBUER À LA JUSTICE SOCIALE ?

« Ceux qui paient beaucoup d'impôts sont ceux qui gagnent beaucoup d'argent. S'ils gagnent beaucoup d'argent, c'est qu'ils le méritent. Ils apportent à la société une valeur supérieure à ceux qui gagnent moins. »

Francis Mer (1939-)

Ministre de l'Économie et des Finances entre 2002 et 2004 et ancien P-DG, Francis Mer énonce ici de manière abrupte une justification fréquente des inégalités dans une société démocratique : récompenser les plus productifs, au risque sinon que personne ne soit incité à l'être et que l'ensemble de la société s'appauvrisse. Mais un chef d'entreprise apporte-t-il plus qu'un salarié, et peut-il apporter quoi que ce soit sans ceux-ci ? Y a-t-il un quelconque « mérite » à être plus performant ? À utiliser par exemple en entrée en matière d'un sujet sur la justification des inégalités.

« Il faut libérer l'homme du besoin et du risque. »

William Beveridge (1879-1963)

Lord Beveridge est l'auteur en 1942 d'un rapport remis à Wiston Churchill, qui servira de référence pour la mise en place d'un État-providence cohérent après la Seconde Guerre mondiale au Royaume-Uni, mais également par son influence dans les pays d'Europe du Nord et en France. Il énonce ici l'objectif que doit se donner l'État-providence : lui permettre à la fois de mieux satisfaire ses besoins mais surtout de faire face à certains risques de perte de niveau de vie en les gérant collectivement. À utiliser pour illustrer la notion de protection sociale ou d'État-providence.

« La Nation assure à l'individu et à la famille les conditions nécessaires à leur développement. Elle garantit à tous, notamment à l'enfant, à la mère et aux vieux travailleurs, la protection de la santé, la sécurité matérielle, le repos et les loisirs. Tout être humain qui, en raison de son âge, de son état physique ou mental, de la situation économique, se trouve dans l'incapacité de travailler a le droit d'obtenir de la collectivité des moyens convenables d'existence. »

Préambule de la Constitution de 1946

« Il faut prendre l'argent là où il est : chez les pauvres. Ils n'ont pas beaucoup d'argent, mais il y a beaucoup de pauvres. »

Alphonse Allais (1854-1905)

« Le gouvernement doit persuader également les classes non propriétaires, qui sont les plus nombreuses et les moins instruites, que l'État n'est pas seulement une institution de nécessité, qu'il est aussi une institution de bien-être. »

Otto von Bismarck (1815-1898)

« Le capital est du travail volé. »

Auguste Blanqui (1805-1881)

« Tout l'art du bon gouvernement consiste à plumer l'oie de façon à obtenir le maximum de plumes avec le minimum de cris. »

Jean-Baptiste Colbert (1619-1683)

« La masse de la population n'a pas à attendre de la suppression des profits un accroissement quelque peu substantiel de son niveau de vie. »

Jean Fourastié (1907-1990)

« Un objet même s'il n'a pas été acquis par le vol, doit néanmoins être considéré comme dérobé si on le possède sans en avoir besoin. »

Mohandas K. Gandhi (1869-1948)

« J'en suis arrivé à sentir très vivement que le plus grand service dont je sois encore capable envers mes contemporains serait de faire que ceux d'entre eux qui parlent ou écrivent éprouvent désormais une honte insurmontable à se servir encore des termes “justice sociale”. »

FRIEDRICH VON HAYEK (1899-1992)

« Il y a toutes les différences du monde entre traiter les gens de manière égale et tenter de les rendre égaux. La première est une condition pour une société libre alors que la seconde n'est qu'une nouvelle forme de servitude. »

FRIEDRICH VON HAYEK (1899-1992)

« Si le principe “Oui à l'égalité des chances, non à l'égalité des résultats” sonne bien, cette distinction est largement fictive. Il est à peu près inévitable qu'une société où les “résultats” sont très inégaux donne des chances de réussir très inégales aussi. Si l'on est réellement convaincu que tous les Américains doivent bénéficier des mêmes chances au départ, il faut agir pour réduire l'inégalité. »

PAUL KRUGMAN (1953-)

« Les lois sur les pauvres créent les pauvres qu'elles assistent. »

THOMAS ROBERT MALTHUS (1766-1834)

« De chacun selon ses capacités, à chacun selon ses besoins. »

KARL MARX (1818-1883)

« Imposer les gros revenus plus que les petits, c'est imposer l'activité et l'économie ; c'est frapper d'une amende ceux qui ont plus travaillé et économisé que leurs voisins. »

JOHN STUART MILL (1806-1873)

« Le problème à résoudre est d'une particulière subtilité et d'une grande importance : comment donner la plus grande quantité d'aide possible tout en créant, le moins possible, une dépendance à cette aide. »

JOHN STUART MILL (1806-1873)

« La notion d'harmonie des intérêts est une prédilection fondamentale de la théorie économique. C'est certainement une idée réconfortante pour ceux qui ont tiré le bon numéro à la loterie de la vie. »

GUNNAR MYRDAL (1889-1987)

« La propriété, c'est le vol. »

PIERRE JOSEPH PROUDHON (1809-1865)

« En premier lieu : chaque personne doit avoir un droit égal au système le plus étendu de libertés de base égales pour tous qui soit compatible avec le même système pour les autres. En second lieu : les inégalités sociales et économiques doivent être organisées de façon à ce que, à la fois, (a) l'on puisse raisonnablement s'attendre à ce qu'elles soient à l'avantage de chacun et (b) qu'elles soient attachées à des positions et à des fonctions ouvertes à tous. »

JOHN (1921-2002)

« Puisque la propriété n'est fondée que sur l'utilité, où il n'y a point d'utilité possible il ne peut y avoir de propriété. »

JEAN-JACQUES ROUSSEAU (1712-1778)

« Les producteurs ne sont jamais plus excités à produire, que par la certitude de jouir sans réserve du fruit de leur effort; et l'impôt ne les laisse pas jouir sans réserve. »

JEAN-BAPTISTE SAY

« Lorsque les fruits sont à tous, et que la terre n'est à personne, la terre ne produit que des bruyères et des forêts. »

JEAN-BAPTISTE SAY (1767-1832)

« Il a fallu des siècles pour rendre justice à l'humanité, pour sentir qu'il est horrible que le grand nombre semât et que le petit nombre recueillît. »

François Marie Arouet, dit Voltaire (1694-1778)

« On a trouvé en bonne politique, le secret de faire mourir de faim ceux qui, cultivant la terre, font vivre les autres. »

François Marie Arouet, dit Voltaire (1694-1778)

TRAVAIL, EMPLOI, CHÔMAGE

COMMENT S'ARTICULENT MARCHÉ DU TRAVAIL ET ORGANISATION DANS LA GESTION DE L'EMPLOI ?

« Tout chômage quelconque a uniquement sa cause dans le fait que des changements dans les conditions de la demande ont lieu sans cesse, et que les résistances de frictions empêchent que l'ajustement des salaires appropriés ne s'effectue instantanément. »

ARTHUR CECIL PIGOU (1877-1959)

Pigou est l'auteur d'un des premiers ouvrages consacré à la *Théorie du chômage* en 1933. Dans cet ouvrage contre lequel se dressera trois ans plus tard la *Théorie générale* de Keynes, Pigou soutient qu'un marché du travail parfaitement flexible permettrait de réduire le chômage à sa composante transitoire, « frictionnelle », liée aux inévitables délais d'ajustements des salaires, de l'offre et de la demande, et à une composante « volontaire ». À utiliser pour illustrer la conception néoclassique du marché du travail.

« Il s'agit de laisser une métaphore, dont l'idée est née en observant les marchés aux poissons, expliquer une institution humaine intrinsèquement différente. »

JAMES GALBRAITH (1952-)

Fils de John Kenneth Galbraith, James Galbraith a hérité de son père une même démarche « hétérodoxe », critique envers les économistes convaincus des bienfaits de la « main invisible » des marchés. Dans cet extrait d'un ouvrage paru en 2000 (*Comment les économistes se sont trompés*), il soutient que le modèle du marché classique ne peut s'appliquer à la fois au marché du poisson et au marché du travail. À utiliser pour souligner les spécificités du marché du travail, du fait du travail lui-même et des institutions qui l'encadrent.

« À mesure que le temps passe et que les communautés atteignent un stade plus avancé de développement économique, la main-d'œuvre agricole tend à décroître par rapport à la main-d'œuvre industrielle qui, elle-même, tend à décroître par rapport aux effectifs employés dans les services. »

COLIN CLARK (1905-1989)

« L'atelier – a fortiori l'usine de demain – n'est pas une usine sans hommes. [...] L'avenir, en aucune manière, n'est à l'automatisation intégrale des tâches et des fonctions ».

BENJAMIN CORIAT (1948-)

« La machine conduit l'homme à se spécialiser dans l'humain. »

JEAN FOURASTIÉ (1907-1990)

« Le progrès technique ne chasse pas les hommes de la production ; il permet seulement de travailler moins dur et moins longtemps. Mais il les oblige à changer sans cesse de métier pour maintenir l'indispensable concordance entre les choses produites et les choses consommées. »

JEAN FOURASTIÉ (1907-1990)

« Les États-Unis sont en train de passer du juste-à-temps de l'industrie au juste-à-temps de l'emploi. »

MITCHELL FROMSTEIN

« On peut assurément faire disparaître la pauvreté. Mais cela ne se fera pas davantage grâce à une simple augmentation du taux de croissance que grâce à des incantations ou à des bains de pieds rituels. »

JOHN KENNETH GALBRAITH (1908-2006)

« Le plein-emploi ou même une situation voisine du plein-emploi est rare autant qu'éphémère. »

JOHN MAYNARD KEYNES (1883-1946)

« Pour une raison ou une autre, les employeurs sont de moins en moins enclins à payer les services de ceux qui n'ont rien d'exceptionnel à offrir. [...] Ainsi, les mêmes facteurs conduisent à une baisse des salaires pour les travailleurs les moins qualifiés aux États-Unis et au chômage pour la même catégorie de personnes en Europe. »

PAUL KRUGMAN (1953-)

« La grande industrie exige sans cesse une armée de réserve d'ouvriers sans emploi. »

KARL MARX (1818-1883)

« Le plein-emploi n'existe certes pas toujours mais il tend toujours à s'instaurer [...] si le système économique n'est pas sujet à des influences modificatrices. »

ARTHUR CECIL PIGOU (1877-1959)

« La machine a jusqu'ici créé, directement ou indirectement, beaucoup plus d'emplois qu'elle n'en a supprimés. »

ALFRED SAUVY (1898-1990)

« Ainsi donc la richesse est tout et les hommes ne sont absolument rien ? En vérité, il ne reste plus qu'à désirer que le roi demeuré tout seul dans l'île, en tournant constamment une manivelle, fasse accomplir par des automates, tout l'ouvrage de l'Angleterre. »

JEAN-CHARLES SISMONDE DE SISMONDI (1773-1842)

III QUELLES POLITIQUES POUR L'EMPLOI ?

« Tout homme mis au chômage [...] provoquera, à son tour, un chômage accru parmi les travailleurs qui auraient produit ce qu'il n'a plus les moyens d'acheter. Et c'est ainsi que la situation ne cesse d'empirer en un cercle vicieux. »

JOHN MAYNARD KEYNES (1883-1946)

Dans le contexte de la crise des années 1930, l'économiste britannique Keynes développe dans la *Théorie générale* parue en 1936 une critique sévère de la théorie néoclassique du marché du travail. Selon Keynes, le marché du travail ne revient pas spontanément à l'équilibre car le chômage et la baisse éventuelle des salaires qui l'accompagne dépriment la demande pour les produits, ce qui conduit les employeurs à licencier encore plus. À utiliser pour montrer les inconvénients d'une flexibilité excessive de l'emploi et la nécessité de politiques de relance de la demande.

« Casser l'inflation se fait toujours au détriment de l'emploi. »

Nicholas Kaldor (1908-1986)

L'économiste keynésien Nicholas Kaldor a proposé une représentation sous la forme d'un « carré magique » des objectifs parfois contradictoires de la politique conjoncturelle en termes de croissance, d'emploi, d'inflation et de solde extérieur. En particulier, cette représentation souligne que le primat de la lutte contre l'inflation se fait à court terme au moins au détriment de l'emploi, puisque cela suppose des politiques de rigueur budgétaire et monétaire. À utiliser pour illustrer le dilemme entre lutte contre le chômage et l'inflation.

« Le travail s'est éclipsé du débat social à mesure que l'emploi l'envahissait. Le problème ne serait plus de le transformer, de l'organiser différemment, d'en améliorer les conditions, mais d'abord d'en avoir, fût-ce au prix de lourdes concessions sur sa qualité, son intensité, sa pénibilité. »

Philippe Askenazy (1971-)

« Si le plein-emploi n'est pas conquis ou conservé, aucune liberté ne sera sauve, car pour beaucoup elle n'aura pas de sens. »

WILLIAM BEVERIDGE (1879-1963)

« Sur le plan économique, la feuille de paie n'est pas ennemie de l'emploi. Un franc de salaire est un franc utile. »

JACQUES CHIRAC (1932-), EN 1995

« La réduction de la population immigrée ne constitue pas un instrument d'action contre le chômage, tout au plus un moyen d'expulsion des chômeurs. »

JACQUES FREYSSINET (1937-)

« Les lois sur les salaires minimaux : ces lois constituent sans doute l'exemple le plus parlant que l'on puisse trouver d'une mesure dont les effets sont exactement à l'opposé de ceux qu'en attendaient les hommes de bonne volonté qui la soutenaient. »

MILTON FRIEDMAN (1912-2006)

« Tant qu'il existe du chômage, l'emploi varie proportionnellement à la quantité de monnaie ; lorsque le plein-emploi est réalisé, les prix varient proportionnellement à la quantité de monnaie. »

JOHN MAYNARD KEYNES (1883-1946)

« Assurance-chômage : pour être sûr de ne jamais retrouver de boulot. »

Les Nuls

« Il y a un élément volontaire dans tout chômage, en ce sens que, aussi misérables que soient les possibilités courantes de travail, on peut toujours choisir de les accepter. »

Robert Lucas (1937-)

« Face au chômage, la solution de la sagesse, c'est que les travailleurs travaillent moins. »

Pierre Mauroy (1928-)

« En matière de lutte contre le chômage, tout a été essayé et tout a échoué. »

François Mitterrand (1916-1996), en 1993

« Tout le monde demeure d'accord sur ce qu'en l'état de concurrence parfaite, une baisse du taux des salaires en monnaie par rapport aux autres prix en monnaie – ce qui implique une baisse des salaires réels – doit rendre pour les employeurs l'embauchage de main-d'œuvre avantageux, et vice-versa. »

Arthur Cecil Pigou (1877-1959)

« Assurément, en immobilisant les salaires, on peut maintenir aux ouvriers qui travaillent une rémunération quelque peu supérieure à celle qu'ils recevraient en régime de libre concurrence ; mais on en condamne d'autres au chômage et on expose ceux-ci à des maux que l'assurance chômage n'atténue que bien faiblement. »

Jacques Rueff (1896-1978)

« En période de mobilité économique, la souplesse est une condition vitale du plein-emploi. »

Alfred Sauvy (1898-1990)

« La prison constitue un bon traitement statistique du chômage. »

Robert Solow (1924-)

Index des auteurs

A

B

D

E

F

G

H

I – J

K

L

M

N

O – P

Q – R

S

U – V

W

Y – Z

23, rue de Châteaudun, 75308 Paris cedex 09
Dépôt légal : mars 2014
Imprimé en France

Imprimerie Darantiere : n° d'impression : 14-0133

ISBN 978-2-8176-0361-2
ISSN 1262-327X